江西通史

—— 先秦卷下冊

目錄

第一章｜江西遠古人類活動遺存

第七章｜商代萬年文化

第八章｜西周時期中央王朝對贛境地區的影響和統治

第七章 ——

商代萬年文化

　　從地形地貌和水系特徵來看，贛境地區以今天鄱陽湖為中心大體可以分成七大區系，即贛西北修河區、贛北湖區、贛東北饒河和信江區、贛東撫河區、贛中區（贛江中游區）、贛西區（贛江下游區）和贛南區（贛江上游區）。據前所述，商代時期，在贛江中、下游區和贛北湖區主要分布著以樟樹吳城都邑遺存為代表的方國青銅文明，它是當時贛地的經濟、政治、文化和禮儀中心。那麼，贛境其他地區有否青銅文化？與吳城方國文明關係又是怎樣？據現已發現的商周文化遺址及考古發掘資料來看，贛南甚至贛東地區的青銅文化面貌都不甚清楚，只有贛東北的饒河和信江水系，不僅發現有大批商時期的青銅文化遺址，而且從已發掘的多處典型遺址看，遺址面積大，內涵也豐富，其文化面貌雖表現出與吳城文化有某些相同，但又有著自身的一些特色，尤其是在日用陶器的組合和陶器製作技術上，都表現出自成一體，因最早發現的是萬年縣陳營鎮的肖家山、送嫁山、西山等地的墓葬和中合鄉的齋山遺址，過去的研究一般多稱為萬年類型商文化[1]，近年來，有的學者逕稱為萬年文化[2]。

1　參見李家和等《江西青銅文化類型綜述》，《江西省考古學會成立大會暨學術討論會論文集》一九八六年（內部）。
2　參見彭明瀚《贛江、鄱陽湖地區商代文化的區系類型》，《考古》二〇〇四年第三期。

第一節 ▶ 萬年文化的分期與年代

一 分布地域

　　據全省三次文物普查和近年來配合基本建設的考古調查與發掘資料，贛東北地區至今已發現的商時期古文化遺址達百餘處，它們多集中分布於饒河和信江兩岸的的河谷階地、河口沖積平原以及近河的二級臺地上，發現有商文化遺址的縣市包括上饒、婺源、德興、玉山、廣豐、萬年、餘幹、弋陽、橫峰、鉛山、鄱陽、鷹潭、余江、貴溪、景德鎮、浮梁、樂平和都昌等。其中經試掘或發掘的有萬年肖家山、送嫁山、西山的 8 座墓葬[3]、萬年齋山遺址[4]、鷹潭角山窯場[5]、樂平高岸嶺遺址[6]、玉山歸壙塢遺

3　參見江西省文物管理委員會《江西萬年縣古文化遺址調查記》，《考古》一九六〇年第十期；《一九六一年江西萬年遺址的調查和墓葬清理》，《考古》一九六二年第四期。

4　參見江西省文物工作隊等《江西萬年類型商文化遺址調查》，《東南文化》一九八九年第四、五期。

5　參見江西省文物考古所等《江西鷹潭角山窯址試掘簡報》，《華夏考古》一九九〇年第一期；李榮華等：《鷹潭角山發現大型商代窯址》，《中國文物報》二〇〇一年三月二十一日。

6　參見樂平縣文物陳列室《樂平縣試掘高岸嶺遺址》，《江西歷史文物》一九八〇年第一期。

址[7]、都昌小張家遺址[8]、浮梁燕窩山遺址[9]和婺源茅坦莊遺址[10]等（圖1）。

　　都昌縣的小張家遺址很值得注意。從該遺址出土遺跡、遺物分析，雖某些方面也有吳城文化因素，如半地穴式房基 F1、F4與吳城遺址和德安石灰山的 T9F2[11]完全一樣；出土遺物中的錐狀足弧襠型鬲與吳城一九七四年秋第三號探方出土的編號一的鬲基本相同[12]；幾何印紋陶中的規整雲雷紋、圓窩紋及其風格等也多與吳城文化相近，但從小張家遺址所出土文化遺物所反映出的主體文化面貌看，無疑應歸屬於萬年類型文化，如以甗形器、鼎為主要炊器，器形以圜底器和三足器為主，罐肩部流行單圓餅或雙圓餅裝飾作風與萬年肖家山、齋山等地的風格完全相同，等等。小張家遺址地處鄱陽湖北岸，北與彭澤、湖口相鄰，西與西北界星子和九江市，一直以來，我們都認為贛北地區是中原夏商文化南下的必經通道，因而受中原商文化影響最為強烈，文化性

7　參見江西省文物考古研究所等《玉山雙明地區考古調查與試掘》，《南方文物》一九九四年第三期。

8　參見江西省文物考古研究所等《江西都昌小張家商代遺址發掘簡報》，《南方文物》一九九九年第三期。

9　參見楊軍《江西省浮梁縣東流燕窩山商周遺址發掘》，《中國考古學年鑒》二〇〇五年，文物出版社。

10　參見江西省文物考古研究所等《江西婺源縣茅坦莊遺址商代文化遺存發掘簡報》，《南方文物》二〇〇六年第一期。

11　參見江西省文物考古研究所等《江西德安石灰山商代遺址試掘》，《東南文化》一九八九年第四、五期。

12　參見江西省博物館等《江西清江吳城商代遺址發掘簡報》，《文物》一九七五年第七期。

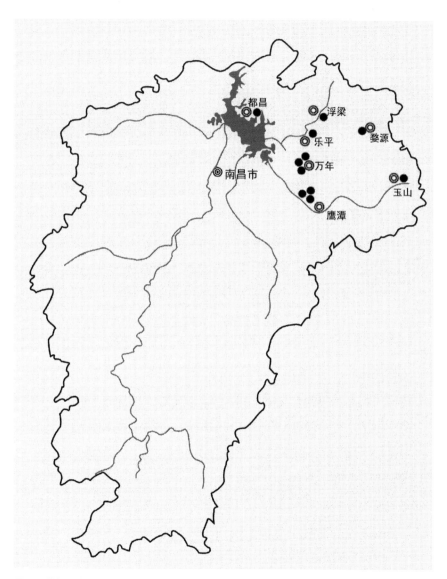

圖1　萬年文化已發掘主要遺址分佈圖

質也多歸屬吳城方國文明，但是，小張家遺址發掘恰恰證明，商時期的萬年文化不僅僅局限於贛東北地區，而且其影響力直擴展至贛北地段，與吳城方國文明有可能呈交叉插花之勢。

有的學者通過對撫州市西郊豺狗包、魚骨山、雷劈石、棋盤墩、羊角坡等商代遺址的調查[13]，認定該批遺址同屬萬年類型商文化範疇，也就是說，萬年文化的南界已達贛東撫河地區。從該批遺址採集的遺物判斷，其陶器特別是幾何印紋硬陶的器類和作風，諸如甑形器、盉形缽、敞口缽、斂口缽、筒形缽、帶把捏流平底缽、三足盤等，確與萬年文化中角山窯址出土的相近；在印紋陶紋飾和裝飾方法上也與萬年文化有諸多相同之處；如一些罐上先拍印上雲雷紋，再在其上壓鋸齒狀線紋，使雲雷紋痕深給人以不清晰之感；在一些罐沿及缽、盂類器內外，普遍有輪旋紋，在器物口沿及底部，往往有刻劃符號等。但是，綜觀這批遺址所採集的遺物，有一點值得我們特別注意，那就是該批陶瓷器的器類和作風上，雖沒有鬲等炊器，但諸如侈口束頸尊、直口高領尊、折肩尊、折肩罐、圓腹罐、折腹罐、深腹盆和模製馬鞍形陶刀等，都與西部吳城文化的同類器相同或相近，特別是較流行折肩和圜凹底作風更接近於吳城文化，而有別於萬年文化，說明吳城方國文明對東部撫河地區的強大影響力。聯繫到早年我們在臨川地區發現的如橫山遺址、河西一、二號遺址、青泥脊山遺址

13　參見江西省文物工作隊《江西撫州市西郊商代遺址調查》，《考古》一九九〇年第二期。

等[14]，都表現出兩種青銅文化因素兼有的情況，甚至有的遺址還更多地表現出與吳城文化相同的因素，如有的馬鞍形陶刀的兩側分別刻劃葉脈紋符記以及部分陶罐口沿內刻劃有「↑」、「〰」一類文字符號等，筆者認為，從目前僅有的調查資料看，贛東撫河地區是吳城方國文明與萬年文化的交匯地區，或如贛北湖區一樣，是兩支青銅文化交叉插花之地，在未大規模發掘有典型遺址並出土有大量遺物確證之前，暫不宜將贛東撫河區劃屬萬年文化範疇。

二 分期與年代

前已述及，萬年類型商文化遺址最早是在上世紀 60 年代發現的，自八十年代初發掘鷹潭角山窯場後，有的學者就進行深入比較研究，指出角山窯場屬萬年類型商文化，並將其分出早晚兩段，即萬年肖家山等墓葬和齋山遺址為早段，角山窯場為晚段，並對兩段出土遺物特徵作了詳細分析[15]。此後，隨著考古工作的廣泛深入開展，經過科學發掘的萬年類型商文化遺址日趨增多，一九九八年發掘的都昌縣小張家遺址[16]，是一處面積達二萬平方

---

14 參見江西省文物管理委員會《江西臨川新石器時代遺址調查簡報》，《考古》一九六四年第四期；臨川縣文物管理所：《江西臨川縣古文化遺址調查簡報》，《江西文物》一九八九年第三期。

15 參見李家和等《江西萬年類型商文化研究》，《東南文化》一九九〇年第三期。

16 參見江西省文物考古研究所《江西都昌小張家商代遺址發掘簡報》，《南方文物》一九九九年第三期。

米、地層堆積為二點五米、文化遺跡、遺物較為豐富的山坡遺址，通過精心發掘，不僅證實其文化內涵屬萬年文化範疇，而且根據遺跡的相互迭壓關係和陶器的演變組合，將其分為早（第一期）、晚（第二期）兩期。二〇〇四年冬到二〇〇五年春，婺源縣茅坦莊[17]和浮梁縣燕窩山遺址[18]的發掘，是多年來贛東北地區第一次較大規模的科學發掘，發掘的收穫，大大豐富了萬年商代文化的內涵。浮梁縣湘湖燕窩山遺址，是景德鎮東郊一處重要的商周遺址，它有著從商代中期至西周早、中期再到西周晚期和春秋四個時期的堆積，出土完整和可復原器物達一三〇餘件，陶質分夾砂、泥質和原始瓷三類，有大量幾何印紋硬陶，從最下層第一期的灰坑 H1、H13 出土的陶器造型及紋飾作風看，當屬萬年文化範疇。婺源茅坦莊遺址系較單一的商文化遺存，清理的遺跡有灰坑、灰溝和半地穴房基三類，出土大批文化遺物，僅完整和可復原的陶器就有一〇〇餘件。從這批陶器的器類和幾何印紋陶紋飾作風看當與萬年文化大體一致，但觀其某些文化特徵和陶器裝飾手法的相對原始來看，其年代似要比萬年肖家山墓葬和齋山遺址略早。為此，根據近年來上述一些考古新發現，我們擬將贛東北饒河、信江水系的萬年商文化分為早、中、晚三期，並對三期的文化特徵和相對年代作一初步分析和推論。

17　參見江西省文物考古研究所《江西婺源縣茅坦莊遺址商代文化遺存發掘簡報》，《南方文物》二〇〇六年第一期。

18　正式發掘報告尚未發表，只在《中國考古學年鑒》（2005）見有一簡訊。有關材料承燕窩山遺址發掘主持人楊軍先生熱情提供。

第一期。以婺源茅坦莊遺址為代表。目前也僅發現這一處。

出土石質生產工具有平面呈長方形、梯形有段石錛和常形石錛，有的錛背微弧，還有雙肩石鏟和平面呈圓形、半圓形、梯形、長條形的各類石刀等，聯繫到出土一件甗形器的口部發現有數百粒碳化的稻米，表明該地區商時期已有相當發達的稻作農業經濟。同時，石鏃和石網墜的大量出土，又反映出漁獵經濟在當時的經濟生活中仍佔有重要地位。

陶器的陶質陶色以夾灰硬陶和泥灰硬陶的數量最多，約占整

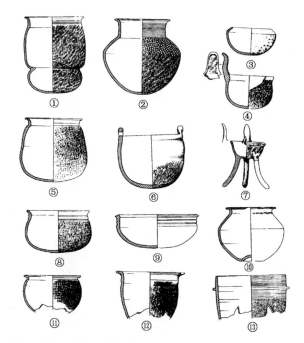

圖2　萬年文化第一期陶器
①甗形器　②高頸罐　③斂口缽　④帶把缽　⑤釜
⑥雙環桶　⑦帶把鼎　⑧束頸罐　⑨圜底缽　⑩矮頸罐
⑪束頸罐　⑫捉手扁腹盆　⑬缸

個出土陶片的百分之七十以上，少見釉陶，不見原始瓷，尚有一定數量的黑衣陶。器類有甗形器、缽、釜、鼎、盆、甕、缸、桶、罐、鬲（報告稱斝）、紡輪、網墜、支座等，以罐（高頸罐、矮頸罐、束頸罐）、缽（盃形缽、直腹圜底缽、直腹平底缽、束頸缽、折肩缽、帶把缽）、桶和甗形器的數量最多（圖2）。帶耳器和帶環器特別是用泥團捏成外凸的捉手將其黏貼在器物口沿邊緣以及立耳的作風非常盛行。耳均為內附耳。幾何印紋陶紋樣有雲雷紋、水波紋、席紋、繩紋、方格紋、籃紋、葉脈紋和一些組合紋飾，以葉脈紋、席紋和繩紋最為普遍。

此期的年代，約在商代早、中期，相當於鄭州二裏崗上下層之際，也即相當於贛江中下游地區吳城文化一期的早、中段。

第二期。可以萬年肖家山等墓葬、齋山遺址、都昌小張家遺址第一期和浮梁燕窩山遺址第一期為代表。樂平高岸嶺遺址似也可歸入此期。

石質生產工具有長條形弧刃石斧、有段石錛、常形錛（其中有背微弧者）、長方體鏟、長方形弓背三孔和馬鞍形雙孔石刀、扁棱形石鏃和石鑽等。陶質生產工具和兵器有長方形或馬鞍形刀、長方形印章式帶紋拍、蘑菇狀陶墊、靴形支座、梯形和算珠形紡輪以及雙肩弧刃穿孔仿銅鉞（系明器）等。

陶器的陶質陶色以泥質或夾砂質的灰色硬陶為多，紅陶少見，尚有少量釉陶和原始瓷器。器類主要有甗形器、鬲（原報告稱斝）、鼎、釜、罐、缸、甕、三足盤、豆、缽、盂、杯、器蓋、碗等，以罐（包括大口罐、高頸罐、矮頸罐）、缽（有盃形缽、斂口缽、帶把缽）和甗形器為大宗（圖3）。陶瓷器上裝飾

圖3　萬年文化第二期陶器
①②附耳甗形器　③甗形器　④高頸罐　⑤滯角狀把手鼎
⑥⑮溜肩圓腹罐　⑦⑧鬹　⑨垂腹罐　⑩大口罐　⑪帶把缽
⑫盂　⑬缽　⑭缸　⑯陶鉞

紋樣以雲雷紋、凸方點紋和凸圓點紋最為多見，此外，尚有繩
紋、籃紋、方格紋、席紋、曲折紋、葉脈紋和菱形紋等。最富特
色的是在罐肩部，廣為流行蝶形紐和握拳形紐（或稱爪形紐），
蝶紐多用小型單圓餅或雙圓餅黏貼成，有的往往黏貼於環紐兩
端，既起裝飾作用，又使紐更加固定。此期的陶瓷器上，開始發
現有在一些罐、缽、甕的頸、肩或口沿或底部刻劃有不同的符

號，據統計總數近三十個，這些刻符應是計數或標記性質的符號。

此期的年代，約當商代中期或略偏晚，即相當於鄭州二裏崗上層二期到殷墟一期，也即相當於吳城文化一期的晚段到二期的早、中段。

第三期。可以鷹沄角山窯址群（包括角山、板栗山和童家山）、都昌小張家遺址第二期為代表。

石質工具有斧、有段和常形錛、鏟、長方形和馬鞍形石刀、石矛、石鏃和石網墜等。都昌小張家遺址第二期文化中出土一件原始瓷質的「牛」塑品，帶褐釉，尾部及腿雖殘，但仍形態逼真（圖4），這是至今江西境內發現最早的「牛塑」藝術品，它讓人們有理由相信，「牛」已是當時人們飼養的一種牲畜，甚至有可能在稻作農業經濟活動中不同程度地開始使用牛耕。角山因系窯

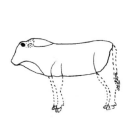

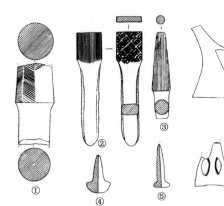

圖4　原始瓷質「牛」
塑品

圖5　萬年文化制陶工具（角山）
①③傘狀陶柏　②扁長方形陶拍
④⑤陶墊　⑥⑦陶支座

場，故出土大量陶質製陶工具（圖5），主要有支座、花紋陶拍和陶墊等，支座均為圓柱狀體，有的頂端呈豬頭狀，有的在上部一側按半環形把手，有的則在兩側施以捏窩，有的一側斜削出一

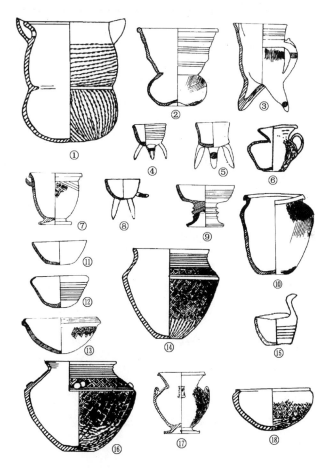

圖6　萬年文化第三期陶器
①帶附耳甗形器　②甗形器　③鬶　④⑤缽形鼎　⑥帶把罐
⑦尊　⑧帶把鼎　⑨豆　⑩甕　⑪⑫⑬缽　⑭侈口折肩罐
⑮帶把缽　⑯敞口折肩罐　⑰四系壺咽　⑱缽

平面，以便於置放陶器。陶拍有長把扁長方體和錐體傘形兩種。陶墊均為蘑菇形。

陶器質料有灰色硬陶和紅陶，兩者各占一半左右，尚有一定數量的釉陶和原始瓷（圖6）。器類主要有甗形器、鼎、鬲（原稱斝）、罐、爵、壺、甕、尊、豆、三足盤、帶把缽、盂、把杯、大口缸和器蓋等，以罐（大口罐、圓腹罐、長頸罐、中頸罐、矮頸罐）、三足盤和缽（盆形缽、斂口缽、帶把缽、提梁缽）為大宗。綜觀整個陶瓷群流行三足器和圜底器，少見平底器。陶器裝飾紋樣以雲雷紋和籃紋及其組合紋最為多見，其他尚有方格紋、菱形紋、曲折紋、席紋、葉脈紋、繩紋、輪旋紋和漩渦紋等，開始出現少量S形紋，尚未發現有第二期萬年齋山遺址中那種常見的凸方點和凸圓點紋。

此期的陶瓷器和製陶工具上特別流行用指甲或竹、木硬器刻劃各種陶符，據初步統計，僅角山窯址四次發掘就發現了二五〇〇餘個個體，近二五〇種，其數量之多，是國內商時期遺存中罕見的。這些刻符多是陶工們急就之作[19]，其內容絕大部分為表數類，即記數符號，尚有一些是標記名號類，即指陶工或製陶家族、氏族使用的專門標記名號，只有極少數是文字符號類，類同於吳城文化中的陶文和石刻文字，如「↓」「廿」「十」或「屮」「乂」等，顯然是受到吳城方國文明影響的結果。特別值得提出

19　參見李家和等《角山刻劃符號初步研討》，《江西歷史文物》一九八七年第二期。

的是，據有的學者比較研究[20]，角山的這些大量記數法採用的是用五基數進位，其最基本的記數符號為「)」和「Y」，「)」代表一，「Y」代表五，然後用累加方法重複使用基本符號，即如「)))))Y」為九，兩個「Y」即為十。商周時期，黃河流域早已廣泛使用十進位值記數法，而在萬年文化中卻使用著含有初步位值概念的五進制記數符號，也是至今世界上所知最早的之一，它的發現無疑為中華文化增添了新的光彩。

此期的年代，約當商代晚期，即相當於殷墟二、三、四期，相當於吳城文化的二期晚段到第三期。

上述萬年文化的三期，其總的文化面貌是一致的，而且基本是一脈相承連續發展著的，只是由於時代的早晚，加以又處於不同的地域，因而在某些文化特徵上反映出發展演變過程及其少許差異：

首先，從廣泛使用的陶瓷器器類來說，一期中常見的雙環桶，到二、三期基本不見；那種豆形器，一期基本不見，二期開始少量出現，到第三期廣為盛行，且形式有竹節形豆把、高喇叭形豆把和矮喇叭形豆座多種；三足盤在一期不見，二期開始出現，到三期又較多發現。

其次，從某些器類的發展變化來看，其演變軌跡清楚，如以主要的炊器甌形器為例，一期的甌形器，都為侈口，上腹較直較

20　參見廖根深《角山商代記數符號分組研究》，《江西歷史文物》一九八七年第二期。

深，有的腹雖稍鼓但基本仍較深，均束腰，圜底，有的帶內附耳；二期的甗形器，多為敞口，斜直腹，腹也較深，束腰，圜底，也有內環耳和帶外包耳的；三期的甗形器，進一步演變成大敞口，雖也斜直腹較深，但束腰下多為扁圓體，且由圜底多變為圜凹底。再以帶把鼎為例，一期的為侈口，淺斜腹，圜底，三足細高稍外撇，把立於口沿；二期的為敞口，深斜腹，圜底，三足較短且外撇，壺嘴形或扁平形把手已從口沿上移至腹側；三期的為侈口，淺弧腹，圜平底，三錐足更外張，特別是把手更往下移，有的甚至下移到腹下部。

第三，在陶瓷器外表裝飾作風上，雖然三期的幾何形印紋陶紋樣種類都較多，但一期為流行的是葉脈紋、席紋和繩紋和籃紋等；二期更多見的是雲雷紋、凸方點紋和凸圓點紋；三期則以雲雷紋、籃紋、繩紋及其組合紋運用最普遍，很少見用凸方點和凸圓點紋。在一期的裝飾手法上，給人感覺是顯得較為原始，如特別流行用泥團捏成外凸的捉手然後黏貼在器物的口沿，同時，還有較多的立耳作風，這似應是往後二、三期即萬年和角山遺址出現較多的帶把器和把手下移的先聲；二期比之一期不僅出現有較多的帶把器，且把手普遍下移，而且在罐肩部開始廣為盛行用單圓餅或雙圓餅黏貼成的蝶形紐以及握拳紐作風；到三期時，帶把器比之二期又大為增多，但罐肩部的蝶形紐和握拳形紐已開始不見或少見。

第四，在陶瓷器的質地上，雖三期都基本以泥質或夾砂質的灰色硬陶為主，但細分類尚有少許區別，如一期就尚有一些黑衣陶，二、三期則基本不見，特別是，一期只見到一、二片釉陶，

至今尚未發現有原始瓷;二期開始出現少量原始瓷和釉陶,到三期時,釉陶和原始瓷的數量明顯增多,當然比之吳城文化,不僅數量要少,品質也要差。

第五,陶瓷器上發現大量刻符,是萬年類型文化的一個重要特徵,但三期的發展演變也是明顯的,一期至今基本尚未發現,二期開始出現,而到三期時,不僅發現的數量大增至二五〇〇餘個,而且不同的刻符達二五〇餘種,有少數還粗具形、聲、義的刻劃文字。

第二節 ▶ 萬年文化與鄰近考古學文化關係

據前所述,萬年文化是商時期分布於贛東北饒河、信江水系的一支土著青銅文化,從已揭示的相關考古資料看,它又不是孤立的,它與周邊鄰近地區的考古學文化有著不同程度的交流和影響,尤其與贛江中下游地區的吳城方國文明有著更為密切關係和交流。

一 與吳城文化的關係

通過前述萬年類型商文化諸特徵的分析,使我們清楚看到,萬年文化是商時期在贛東北地區與吳城文化並行發展著的另一支土著青銅文化,它與吳城文化有著鮮明的不同特色:

首先,從日常生活中廣泛使用的陶瓷器來看,陶器的組合就明顯有別,萬年文化的陶器組合是甗形器、鬶、各種高頸與矮頸

的溜肩罐、圓肩罐、圓腹罐、筒腹罐、圜底甕、帶棱座豆、盉形缽、帶把缽、帶把杯和盂、三足盤、支座等，不見吳城文化中常見的鬲、袋足鬹、假腹豆、折肩尊等；吳城文化的陶器組合則是鬲、袋足鬹、假腹豆、小口折肩罐、大口折肩尊、折肩甕和傘狀器蓋等，不見萬年文化中多見的帶把器和三足盤、支座等。陶瓷的質地，萬年文化特別到三期階段，主要有灰色硬陶，尚有一些釉陶和原始瓷器；吳城文化除以灰陶為主外，尚有一定數量的紅陶、黑衣陶、硬陶，釉陶和原始瓷雖在各期中逐漸增加，但總的要比萬年文化為多，且釉色更青，品質更好。在製陶工藝上，雖然當時慢輪拉坯成型工藝已被廣泛使用，但在運用程度和具體操作上，兩者並不相同，以最多見的罐類器為例，萬年文化多是慢輪拉坯一次成型，故口頸部分普遍留有密集的輪旋紋，且多為溜肩、圓肩、圓腹和筒腹的作風；吳城文化則多採用分別成型，然後再將肩、腹部粘接成一體，故多形成折肩或折腹的作風，為遮掩黏接之痕，往往又在黏接處上下再戳印一周圓圈紋或圈點紋，既增強美感又使折肩更為突出。幾何印紋陶器是兩支文化普遍共有的，但也存在一定差異，萬年文化中的幾何印紋陶特別是硬陶相對較多，幾何印紋的紋樣種類卻較少，且印痕一般較深，也較錯亂，給人是一種粗獷之美（圖 7）；吳城文化中的幾何印紋陶總的數量雖相對較少，但幾何形的紋樣種類則豐富繁雜，且印紋規整，印痕較淺，給人則是一種纖秀之美。兩者印紋陶的這種不同特點，無疑是和其不同的印紋陶製作工藝有關。萬年文化用來拍打紋飾的陶拍有帶長把的扁平長方體、長方形印章式和圓錐傘狀體三種，且印痕普遍較深，加以用弧度較大的蘑菇形陶墊，這

樣拍印出來的器表紋飾自然顯得印痕深的外觀效果，器內壁則留
下一個個圓形墊窩痕，又省去用手抹平這道工序，故必然凹凸不
平，胎壁厚薄不均；吳城文化採用的多是弧度較小的三角形、扁
管狀和中空圓錐狀陶墊，故而器內壁一般較平整，器壁厚薄也較
均勻，即或偶爾用蘑菇形陶墊，也多用手將其抹平。吳城文化至
今尚末發現帶幾何印紋的陶拍，但想來其印模紋飾一定纖細規整
且刻痕較淺。以上這些，都足以說明，無論是陶土的選煉或加工
技術、快輪制陶技術的發達程度，抑或印紋陶的裝飾製作技法、

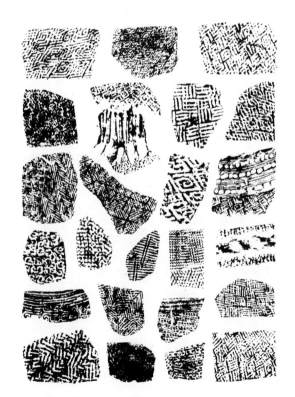

圖 7　萬年文化二期部分陶器紋樣

釉陶和原始瓷的燒製技術以及窯爐的形制結構等，吳城文化都比萬年文化更趨先進。

其次，從當時先進生產力青銅鑄造技術水準看，萬年文化至今只出土有一、二件商式銅鼎和仿銅陶鉞，雖在樂平高岸嶺遺址出土過石範，說明有可能會鑄造簡易的兵器或工具之類，但其青銅鑄造工藝水準的落後和不發達是顯而易見的；吳城文化則不然，從出土有大量鑄造工具和武器的石範和青銅容器來看，說明其青銅鑄造工藝水準已相當發達。再聯繫到吳城遺址已發現有大規模的商代城牆，城區內又分別發現有居民區、鑄銅作坊區、冶陶區以及祭祀禮儀廣場等遺址，這些又都有力證明這是商時期在長江以南地區最先建立起的一個方國文明，而吳城城址正是這一方國文明經濟、政治和禮儀的中心，也就是說是一都邑遺存。

人們或許要問，贛江中下游的吳城文化與贛東北的萬年文化，同處於長江中游南岸，都在一個大的地理單元內，為什麼文明化進程竟出現如此差異？我們認為，一個最主要原因就是因為贛江中下游自遠古以來就是中原通往嶺南地區的重要之途，夏、商文化的南漸，最先也就在這一地區，從而促使了此一地區原始氏族制的最早解體，加快了其文明發展進程，給吳城文化打上深厚的商殷文化烙印，而地處贛東北的萬年文化，偏離南北主要通道較遠，受到中原商殷文化的影響較小，自然烙印也就較淺，更多的是保留著自身固有的土著文化傳統，因而文明化程度比之吳城文化低下那就不足為怪了。

當然，儘管兩支文化有其鮮明差異，文明化程度也相距較大，但這並不排除它們之間尚有其密切往來和交流，在文化面貌

上也曾表現出某些共性，特別是由於商周時期，古彭蠡澤尚在江北，今之鄱陽湖水面仍是遼闊的鄡陽平原，故從當時的地貌和地形考察，也不足以阻擋和影響吳城文化與萬年文化之間的交流，突出的表現是，兩支青銅文化中都有著豐富的幾何形印紋陶器，萬年文化中那種常見的甗形器和帶蝶形鈕、握拳形紐的高頸罐、圓肩罐、溜肩甕、缽等裝飾風格的印紋硬陶器，幾可在吳城文化的所有遺址中都可見到。一九八六年，在吳城城址郊外茶樹林發掘的一號墓中[21]，出土可辨明的陶瓷器達二十一件之多，其中屬吳城文化體系的有袋足鬲、大口尊、直口尊、罐、仿銅圓陶鼎、假腹豆、盤等計十六件，而屬萬年文化體系的則有甗形器、飾凸方點紋罐等五件，竟占到整座墓葬出土陶器的百分之二十四，這雖是一小型墓葬的情況，但亦可窺見其一般。

兩支青銅文化之所以表現出這樣或那樣一些共性，我們認為，其根本原因是創造兩支青銅文化的主體居民都應是古先越族人，它們有著共同的文化傳統，但又由於古先越族群很古以來就支系繁雜，正如前面第三、第六章所分析的那樣，創造贛江中下游地區新石器時代晚期的築衛城文化和商殷時期吳城方國文明的主體居民是古先越族群的一支揚越人；而創造贛東北地區新石器時代晚期的廣豐社山頭文化和商殷時期萬年文化的主體居民則應是古先越族群的另一支幹越人。

21　參見江西省文物工作隊等《清江吳城遺址第六次發掘的主要收穫》，《江而歷史文物》一九八七年第二期。

二　與周邊諸考古學文化關係

　　江西地區與江浙地區和閩江流域的文化聯繫，遠在新石器時代晚期就已開始，不僅如廣豐社山頭文化，就是地處贛西北的山背文化和贛江中下游的築衛城文化都與東方的良渚文化和閩江下游的曇石山文化有著一定的交往和聯繫。商周時期，萬年文化所處的贛東北地區，其北部分布的青銅文化是以甯鎮、江淮之間和皖南為範圍的點將台——湖熟文化[22]；其東部太湖地區繼良渚文化之後的青銅文化是馬橋文化[23]和浙江地區的高祭台類型文化[24]；東南部的閩江上下游地區的青銅文化是白主段類型[25]和黃土類型文化[26]。據現有考古資料分析，周邊的這些青銅文化，雖都在不同程度上受到夏商文化和東方岳石文化等的影響和浸潤，但它們都是在各自相對獨立的地理單元內，在自身固有的新石器時代晚期文化基礎上孕育和發展起來的。萬年文化與鄰近周邊諸青銅文化，自然有著廣泛的聯繫與交流。

22　參見張敏《甯鎮地區青銅文化研究》，見《長江流域青銅文化研究》，科學出版社二〇〇二年版，第 252-277 頁。

23　參見宋建《馬橋文化的編年研究》，見《長江流域青銅文化研究》，科學出版社二〇〇二年版，第 305-320 頁。

24　參見牟永抗《高祭台類型初析》，《浙江省文物考古研究所學刊》，科學出版社一九九三年版，第 7-15 頁。

25　參見林公務《福建光澤先秦陶器群的研究——兼論「白主段類型」》，《東南考古研究》第三輯，廈門大學出版社二〇〇三年版，第 177-192 頁。

26　參見福建省博物館《福建閩侯黃土 遺址發掘簡報》，《文物》一九八四年第四期。

據現已發現的考古資料證實[27]，北部的點將台——湖熟文化的具體分布範圍是，東至江蘇武進孟河，西抵皖南九華山以東，北臨與寧鎮山脈相對峙的江北蜀崗丘陵地帶，南至天目山、黃山以北。而屬萬年文化第一期的婺源茅坦莊遺址東北距黃山僅百餘里，該遺存中的圜凹底矮領罐、盔形缽、帶把折肩缽就與湖熟文化二期的同類器相近[28]。以鷹沄角山窯場為代表的萬年文化第三期階段，大量的帶把器、帶鋬器，如帶把鼎、帶把罐、帶把缽、帶鋬尊和提梁缽等，雖有的是淵源于茅坦莊一期文化並在此基礎上發展演變而來，但也不排除有的是受到湖熟文化三期陶器作風的影響。

長江下游太湖地區的上海馬橋青銅文化，和以鬲、鼎為主要炊器的湖熟文化不同，它是以鼎和袋足甗為主要炊器的，但萬年文化中的某些器形如圜凹底的矮領罐、微凹底高領罐、盔形缽、三足盤、深腹盆和捉手器蓋等都與上海馬橋四層出土的同類器相似。[29]婺源茅坦莊遺址出土的三細長外撇足淺腹帶把鼎，除帶把特徵外，與上海金山亭林中層出土的很是一致（原報告稱三是盤）[30]。太湖地區南岸浙江地區的馬橋文化分布情況尚不十分清

27　參見劉建國等《論湖熟文化分期》，《東南文化》一九八九年第一期。
28　鄒厚本主編：《江蘇考古五十年》，南京出版社二〇〇〇年版。
29　參見上海市文物管理委員會《上海馬橋遺址第一、二次發掘》，《考古學報》一九七八年第一期。《馬橋 1993-1997 年發掘報告》，上海書畫出版社二〇二年版。
30　參見孫維昌《上海市金山縣查山和亭林遺址試掘》，《南方文物》一九九七年第三期。

楚，有的學者早年曾指出江山肩頭弄二、三單元是以幾何印紋硬陶為代表的一種青銅文化[31]，後來在進一步考古發掘基礎上，又認定淳安進賢高祭台遺址是一種青銅時代文化類型[32]，引人注意的是，在高祭台遺址出土的甲種原始瓷罐的肩部，也發現有三組成雙配置的小泥餅裝飾，這無疑和萬年文化二期盛行的蝶形紐作風有著相通關係。在高祭台類型乙類原始瓷的裝飾上，甲類上那種成雙配置的小泥餅裝飾已演變成更多的 S 形堆飾，這又和萬年文化三期即鷹泜角山的陶瓷器作風類同。

贛東北古餘汗（幹）地區是古代中原 通往東南沿海地區的重要通道，秦始皇統一中國後，曾發五十萬大軍分五路征略嶺南，其中第五路就是所謂「結餘汗之水」[33]。這條古道，遠從新石器時代就已開闢，到商周時期，尤顯得重要。從目前江西地區的吳城文化和萬年文化與周鄰的湖熟文化、馬橋文化等關係來看，似與東南部閩江流域的關係更為密切，文化上相互交流和影響的因素也表現得更為突出。據福建考古學者的研究[34]，至今分布在閩江上下游的青銅文化主要有兩個類型，一個是以閩西北山區光澤白主段墓葬為代表的白主段類型文化；一個是閩江下游以

---

31 參見牟永抗等《江山縣南區古遺址墓葬調查試掘》，《浙江省文物考古所學刊》，文物出版社一九八一年。

32 參見牟永抗《高祭台類型初析》，《浙江省文物考古研究所學刊》，科學出版社一九九三年版，第 7-15 頁。

33 《淮南子・人間訓》。

34 參見林公務《福建境內史前文化區系類型初論》，《跋涉集》，北京圖書館出版社一九九八年。工索

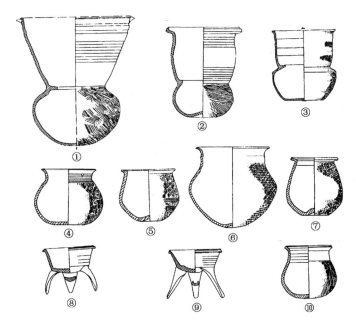

圖 8　閩西北商文化白主段類型陶器舉例
①②③甗形器　④⑤⑥圓腹罐　⑦⑩長腹罐　⑧⑨盆形鼎

閩侯黃土墓葬為代表的黃土類型文化，兩個類型青銅文化都大體
分為早、晚兩個發展階段，其中早期階段都相當於商代中晚期，
基本都是以甗形器為主要炊器的青銅文化，它們的陶器群中，有
的都可在東邊的萬年文化和吳城文化中找到其相同或相似器，以
光澤池湖遺址出土物為例[35]，這是近年來福建發掘的一處最重要

35　參見福建博物院《福建光澤池湖商周遺址及墓葬》，《東南考古研
　　究》，第三輯，廈門大學出版社二〇〇三年版，第 1-28 頁。

也最典型的白主段類型遺址，其中一式甗形器明顯同於萬年文化二期墓葬出土的，Ⅱ式甗形器、Ⅱ式鼎（或稱盤形鼎）、圓腹罐、長腹罐、Ⅰ式三足盤、Ⅱ式壺、折肩尊、器蓋等（圖8）都與鷹沄角山窯場出土的同類器相近，有的同樣見於吳城文化的二、三期。此外，在陶系上普遍以夾砂或泥質的灰色硬器為主，且大部份是幾何形印紋硬陶，其快輪製陶技術和陶瓷器的種類、裝飾風格及至在陶器上刻劃記數符號等諸方面，都表現出與萬年文化有較多的相類似，說明商周時期，它們之間應同屬於一個大的文化區系，即先越民族區，也即後來所稱的百越文化區。

第八章 ———

西周時期中央王朝對贛
境地區的影響和統治

　　西元前一〇四六年，周武王率軍大舉東征，並在商殷奴隸們的「前徒倒戈」配合下，經過牧野之戰，終於推翻商朝，建立起周王朝。周朝王都在今陝西的豐、鎬（今西安附近）；後又在今天河南洛陽建立起第二個王都，統稱洛邑。在周平王以前，因都城一直在豐、鎬，在洛邑之西，故史稱西周。西周的統治中心依然在北方，重要封國有衛、魯、齊、宋、晉、燕等，但統治範圍已逐漸擴展至長江以南地區。

　　西周時期的江西，從吳城都邑遺址的形成、興盛和衰敗的歷史看，恰恰也就在商代晚期或西周初年，由於殷紂王的自焚國亡，吳城方國都邑也在一次空前的攻城戰中而衰落下來，其原因至今我們還無法知曉。但北方周人的政治力量在西周初年即已擴及到贛北甚至贛中地區那是肯定無疑的。新幹中棱水庫壩基上的所謂「列鼎」墓葬，雖時代有可能推前至商代晚期[1]，但從牛頭城其遺址本身所表現出強烈的西周文化因素看，誠如我們當年所推測的那樣「這一地區很可能是西周的一個方國」[2]。如果這一推定無誤的話，是否吳城的政治、經濟、文化的中心地位已轉移到牛頭城，吳城方國被牛頭城方國所取代，當然，這些都寄希望於今後大量的考古工作和新材料來證實。這裡，我們只能依據一

1　參見李朝遠《江西中棱青銅器的新認識》，高崇文、安田喜憲主編：《長江流域青銅文化研究》，科學出版社，二〇〇二年版，第 216-224 頁。

2　參見彭適凡《「吳頭楚尾」辨析》，《爭鳴》一九八八年第二期，後收入《江西先秦考古》，江西高校出版社，一九九二年版，第 268-279 頁。

些考古資料，擬對西周時期贛江流域的文化面貌作一初步分期和分析。

第一節 ▶ 西周文化遺址及其分期

兩周時期的文化遺存[3]，江西境內分布密集，至今已發掘或經調查試掘確定較為重要的，有南昌市青山湖台山嘴、安義縣銅鑼山、九江縣神墩、磨盤墩，湖口縣下石鐘山、永修縣梅棠曲尺塘、臨川縣河東大塘山、茶子山與丁家山、清江縣築衛城、樊城堆上層和彭家山、新幹縣牛頭城和趙家山、萬年縣雷壇，鉛山縣曹家墩、萍鄉市彭高、赤山和宣風河下、靖安縣高湖、蔡家山、高安縣消水洞、定南縣歷市鎮北山、進賢縣寨子峽等等。現根據發掘或調查的出土物，試作如下分期。

一　西周早期遺址

以湖口下石鐘山、萍鄉市宣風河下及九江縣神墩遺址及樟樹山前彭家山等遺址為代表。

下石鐘山遺址，從調查採集的遺物看，是商末至周初遺址。出土有打製石器、大量的獸類骨胳及陶器。其中陶瓷器的時代持征明顯可辨（圖1）。如：

3　參見江西省文物工作隊《湖口縣下石鍾山遺址調查記》，《江西歷史文物》一九八五年第一期。

鬲，敞口，折沿，頸稍短，腹壁較直，低襠，與那種高頸、高襠，以及頸部飾一周連鎖狀附加堆紋的商代晚期鬲明顯有別。

形器，圓唇，寬平沿，束腰且偏下部，口沿部附有對稱穿孔，其外加罩一對外包耳，耳與口平。多數器身飾粗繩紋，也有的素面無紋。是這一時期的主要炊器。

甗罐類中，多見敞口、短頸、圓腹、平底器，肩部有對稱的蝶形鈕，有的還以小圓餅裝飾。

印紋陶器的紋樣種類較多，有葉脈紋、S 形紋、雲雷紋、勾連雷紋、凸浮雕獸面紋、菱形雷紋、曲折紋、指甲紋和圓圈紋等。那種凸浮雕狀勾連雷紋和回字紋的組合紋飾與江蘇句容、溧水、金壇西周早期墓中的陶器紋飾相同。至於凸回字紋和曲折紋的組合紋、方格菱形紋、凸方格紋以及各種填線紋等，都是長江下游江蘇、安徽、浙江等省西周早期陶器上常見的裝飾。

神墩遺址曾先後進行兩次科學發掘[4]。遺址包含新石器時代晚期—商代—西周三個不同時期的文化堆積，其中②C 層為西周前期的堆積。②C 層出土的遺物，陶瓷器有鬲、甗形器、甑、罐、盆、甕、尊、盂、豆、缽、器蓋等。青銅器有銅鏃等。其典型器物，以陶鬲為例，高領袋足鬲少見，較多的是低襠鬲、高錐狀足鬲、高頸外撇足鬲和淺腹癟襠鬲等。甗形器，敞口，斜折

4　參見江西省文物工作隊等：《江西九江神墩遺址發掘簡報》，《江漢考古》一九八七年第四期。

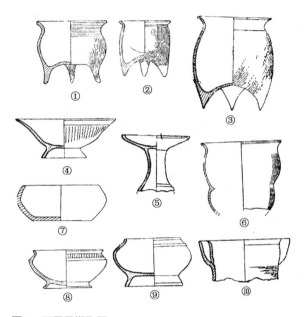

圖 1 　西周早期陶器
①②③陶鬲　④盆　⑤高圈足豆　⑥甗形器　⑦缽　⑧盂　⑨簋
⑩附耳甗形器（①②⑥⑧神墩出土；①⑤⑨⑩下石鐘山出土；
⑦彭家山出土）

　　沿，束腰處偏下，內腰處有的置三角形墊塊，也有的置一圈內
沿，作用都是承托箅子。其特點與湖口下石鐘山出土的相近，惟
附耳的少見。豆類器有喇叭形粗圈足大盤豆、深腹杯形豆等。陶
瓷器及印紋陶紋樣以細繩紋為主，還有勾連雷紋、雲雷紋、網結
紋、菱形紋、S 形紋、凸回字紋、菱形回字紋以及雲雷紋與葉脈
紋的組合紋等。
　　這裡還發現相當於②C 層時代的一些文化遺跡，如窖穴、水
井等。水井上部橢圓下部方形，東西口徑三點三米，南北徑三點

五米，深七點九五米。井壁齊整，不見腳窩（圖2）。井中出土二件打水木桶，系用整木刳成，平口，稍圜底，兩側斫出兩方耳，口徑二十二釐米、高十三釐米。還出土大量的竹木棍和竹編織器殘件等。陶器有陶鬲、鼎、甌形器、罐、豆、盂等。從井底種種跡象分析，井底部似有一套濾水設施，先在井底臺子架上大木棒，再用幾根中型木棒交叉置於第一層大木棒上，又用小木棒交叉置於第二層中型木棒上。三層木棒都用繩索紮緊，組成三層斜井字框架，然後在其上蓋兩層

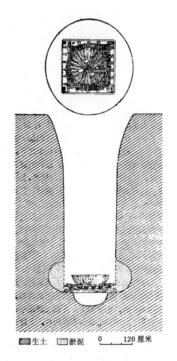

生土 淤泥 ▨ 0 ____ 120 厘米

圖2　水井結構復原圖（九壓神墩）

竹席，細席在下，粗席在上，竹席上再置比井底略小的圓竹框，框內壓石塊。從這座水井的結構及周密的濾水設施看，當為我們探討西周時期贛江流域古代居民的生產科技發展水準及生活習俗等提供了極有意義的資料。

樟樹彭家山遺址是一處典型的西周早期遺存[5]，其石製水準

<hr />

5　參見江西省文物考古研究所等《江西樟樹彭家山西周遺址發掘簡報》，《南方文物》一九九九年第三期。

相當高超，陶器器形品種較為單一，主要為罐類，尚見少量的甑形器、鬲、豆、缽、壺等，紋樣裝飾較為單調，主要拍印方格紋、長方格紋、網格紋等，頸部刻劃豎直條紋也頗具特色。從出土遺物看，該遺址既有類似吳城文化三期的黃色硬陶折肩罐、小平底斂口缽、大口尊和馬鞍形石刀等，但大多數器物卻不同於吳城文化，尤其是罐類器口沿的內鉤唇作風、折肩直腹特點以及較粗率的器表和單一的方格紋風格等。值得注意的是，彭家山西周遺址北距吳城遺址只有二公里，因此，它的發現，對於研究吳城文化衰弱後這一地區的文化面貌有著重要意義。新余市南安趙家山遺址[6]也應屬於這一時期的同類遺址。

二　西周中、晚期遺址

以九江沙河街磨盤墩下層和神墩②B、②A層、清江築衛城上層和樊城堆上層、定南北山、進賢寨子峽和萬年雷汜諸遺址為代表。此外，全省各地發現這一時期的遺址較多，但多屬地面調查。

九江沙河磨盤墩遺址有著上、下兩層早晚不同時期的堆積[7]。兩層出土的陶片，能復原者甚少，但據統計，以夾砂和泥質紅陶為主，約占百分之七十，次為夾砂質、泥質灰陶，約占百

6　參見胡海燕《江西新余趙家山商周遺址調查》，《南方文物》二〇〇一年第三期。

7　《九江縣沙河街遺址發掘簡報》，《考古集刊》第二輯。

分之十四，砂質和泥質黑皮陶約占百分之十，硬陶、釉陶和原始瓷約占百分之五。此外還有少量白陶。

從出土器物與文化特徵看，兩層的區別明顯。如下層出土的爵、直口缸、傘狀器蓋（子口已退化）、細把高柄竹節豆以及少量凹底器等，上層均不見。下層出土的兩件矮圈足青釉瓷豆，在盤外壁附有小圓餅裝飾，是很有時代特徵的原始青瓷器，與皖南屯溪、蘇南等地西周中、晚期土墩墓出土的瓷豆非常接近。因此，磨盤墩遺址下層年代主要應為西周中、晚期。上層已出現少量鐵器，陶器上的拍印紋飾也不如下層那樣豐富，如戰國時期流行的米字紋、蕉葉紋、重回字對角交叉紋等，在上層也較為少見。因此，磨盤墩遺址上層年代不可能晚至戰國，當為春秋中、晚期。

神墩遺址②B、②A 層從出土遺物看，似為西周中、晚期文化遺存。

樊城堆遺址是有著從新石器時代晚期到商代再到西周三個時期堆積的典型遺址[8]，它與吳城遺址同處一條水系，相距只五公里餘，限於當時的認識，原報告將該遺址只籠統分為上下兩層文化，下層為新石器時代，上層時代定為西周。實際樊城堆上層，內含豐富，自然層位較多，將其出土遺物加以區分排比，還可作進一步分期，其中有許多與吳城遺址所見十分近似，如陶器中的馬鞍形陶刀、凹刃錛、鬲、假腹豆、尊形器、高頸蝶形鈕罐、高

8　《清江樊城堆遺址發掘簡報》，《考古與文物》一九八九年第二期。

頸廣肩束腰平底罐，陶器上刻劃的文字符號，以及幾何形印紋陶紋樣中的圈點紋、S 形紋、鋸齒狀附加堆紋等，因此樊城堆②D、②C 層有可能相當於晚商的吳城三期文化，而②B、②A層當為西周文化（相當於西周中、晚期）。

從九江磨盤墩下層出土的器物看，當時居民使用的炊器有鼎、鬲和甗形器等。其中甗形器比前一期（西周早期）不僅數量增多，而且造型變化多樣：以口沿說，有敞口寬折沿的；有敞口窄折沿的；還有直口窄沿的。以束腰部位說，有束腰明顯的，也有不明顯的。以附耳說，形式更加複雜，有外包耳、內包耳、內貼耳、貫耳、半環狀橫耳及直立方耳等。個別的甗形器還附有三短腿。這些，都充分說明甗形器已是當時人們廣為使用的一種炊器，因而其造型得以大大豐富和發展。

另外，從出土的大批器足看，當時人們也使用相當數量的鼎、鬲。鼎類，其器足多呈高、矮錐狀，也有一些鬼臉式。鬲類，其器足同樣以高、矮錐狀為常見，還有圓柱狀平足尖和乳狀尖足等。值得特別注意的是，在不少高錐狀足鬲的外側刻有一縱溝，一般簡稱為帶槽鬲或刻槽鬲，這正是區別中原鬲與土著鬲的重要標誌。

這一期的盛食器主要有罐、甕、豆、杯、缸、盤、壺、爵、缽、碗、盆、碟和器蓋等。豆類器中，除繼續沿用前期灰陶那種高、矮喇形圈足豆和杯形豆外，還出現更多的硬陶豆和青釉瓷豆，反映了原始青瓷製造業在西周中、晚期得到進一步發展。磨盤墩下層出土的一件矮喇叭形圈足瓷豆，盤內飾輪旋紋，外壁有數道弦紋，內外施青黃色釉，釉色均勻瑩亮，堪稱我國古代商周

時期原始青瓷中難得的珍品。

這一時期的幾何形印紋陶紋樣，依然豐富多彩，種類達三四十種之多。吳城類型遺址中較多的圓圈紋、圈點紋和 S 形紋等基本消失，那種常見的雲雷紋、葉脈紋或曲折紋等雖還繼續沿用，但在風格上已有明顯變化，由過去的纖細、規整和緻密，而變得大塊、粗疏和草率。其他像前期流行的菱形紋、菱形凸棱紋、凸方格紋、凸回字紋、漩渦紋、菱形填線紋等幾何形紋樣更是盛極一時。那種高浮雕式寬頻獸面紋和凸方格、凸回字紋的組合紋飾，此時也得到充分發展，由於這些紋飾普遍顯得渾厚、粗壯和突出，因而使人產生一種立體浮雕感的效果，也相應帶來一種神秘的色彩。有意義的是，在不少這一時期遺址中，還發現有壓印或刻劃「田」字圖案的印紋陶器（圖 3）。

在今整個蘇南還包括浙北和皖南的部分地區較廣泛地分布著一種無壙穴的土墩墓，這種土墩墓的文化面貌，具有自身的鮮明特徵，時代從西周到春秋晚期，江蘇考古界同志把它分為五期，即一、二期相當西周早、中、晚期，三期相當春秋早期，四、五期相當春秋中、晚期[9]。贛境地區至今雖只在上饒、玉山等少數地區發現這類墓葬，但在已發現的相當土墩墓一、二期的西周中、晚期遺址中，卻發現不少與之相同或相近的文化因素。如九江磨盤墩遺址下層出土的幾何形印紋陶，就有不少裝飾紋樣諸如凸方格紋、回字凸塊紋、雲雷紋、菱形回字凸菱紋、菱形回字

9　參見南京博物館《江蘇南部土墩墓》，《文物集刊》第五輯。

圖3 西周中、晚期陶器紋樣

紋、回字填線對角紋、浮雕式寬頻獸面紋以及寬頻獸面紋與凸方塊的組合紋等，都與江蘇溧水、高淳、句容等地西周土墩墓出土的幾乎完全一樣，那種曲折紋與皖南屯溪西周墓出土的斜勾相連幾何形紋也相類似。可以注意的是，與磨盤墩下層相近的西周中、晚期遺址，在古餘汗縣境的今屬萬年縣的雷壇也有發現[10]。從已採集的標本看，三十多種繁縟的幾何形紋樣都表現出與九江磨盤墩下層基本一致，當然，磨盤墩和雷壇遺址之間各自也有一

10　參見劉林《萬年縣雷壇遺址調查》，《江西歷史文物》一九八〇年第二期。

些特點，但它們總的文化面貌是一致的，它們在文化特徵上表現出與蘇南土墩墓的某些相近，似可說明，約當西周時期，它們和蘇南、浙北以及皖南部分地區是自成一個文化系統，同屬於一個古代百越族系的文化，即屬於百越族中的幹越，和分布於太湖——杭嘉湖地區及其東南的於（于）越，它們共同構成了商——西周時期「百越」族中的兩大支派。試想，西周至春秋時期，如果此揚州——姑蘇——餘汗（幹）地帶的大江南北不是一個民族活動著，其考古學遺存則不可能如此相同，其物質文化面貌也不可能這樣相近。

第二節 ▶ 西周文化對贛地影響的加劇

西周中、晚期，隨著中原文化對南方文化影響的加劇，江西地區的青銅文化面貌更深地打上中原文化的烙印，雖還保留著濃厚的地方特點，但西周文化的因素明顯增多了。

一　青銅器上的中原烙印

這主要表現在諸遺址和各地零星出土的青銅器上，不僅形制和紋飾較多地仿自中原，而且鑄銅技術也更多地採用陶範鑄造，少用石範鑄造。仔細觀察江西各地出土的西周中、晚期青銅器，大體可以分為三類：

第一類，造型、紋飾或銘文等風格與 中原地區完全相同，有的可能就是中原傳過來的。

如鷹潭出土的甬鐘[11]，表面呈碧綠色，甬中空與腹腔相通，甬上有幹有旋，枚呈圓錐形，鉦間呈長方形，旋上飾陽線卷雲紋，舞部飾陰線卷雲紋，篆間飾斜角雙頭夔紋，隧部兩組卷雲紋，在有幹的一面右鼓部飾一鷟鳥圖形，背面鼓部及篆間則飾雲紋。通高三十五點八釐米，重十三點五公斤。這件甬鐘從形制和紋飾考察，與陝西扶風強家村出土的師𣊊鐘和藍田出土的應侯鐘都很類同，時代約當西周中期。

第二類，造型和紋飾風格基本與中原地區一致，卻又不同程度地表現出一些地方特色。

例如一九六二年萍鄉市郊彭家橋河邊出土的二件甬編鐘[12]，形制、紋飾完全一樣，惟大、小不同。分別通高四十一釐米和三十八點二釐米，重十公斤和八點五公斤。甬中空與腹腔相通，甬上有幹有旋，鐘面共有圓枚十八個，枚作圓錐形，鉦體、鈕間和篆部四周均用凸起的細小乳丁作界邊，鉦間呈長方梯形，旋部飾獸面紋，午部飾勾曲紋，篆間飾雲雷紋，與現今所知甬鐘中年代最早的陝西寶雞竹園溝 BZ 七號墓出土三件甬鐘的兩件完全相同，時代都約當西周早期的康王、昭王之時。但萍鄉甬鐘舞部上的勾曲紋，則明顯具有贛地文化特點，在中原地區出土的甬鐘上一般不見。

11　參見薛堯《江西出土的幾件青銅器》，《考古》一九六三年第八期。
12　參見程應林《萍鄉市發現周代甬鐘兩件》，《文物工作資料》（內部），一九六三年第一期。

第三類，造型、紋飾風格基本都明顯具有土著特色，是典型南方土著式青銅器。

例如一九七六年南昌市李家莊廢舊品倉庫收集到的一件銅鐃[13]，甬中空與腹腔相通，有弦無幹，欒長和銑間寬度相等，於口沿略向內鉤起，舞部弧曲下凹，兩側有鑄孔各一，鉦部兩面共飾規整的對稱乳丁三十六枚，枚短呈圓錐狀，枚和篆占鐘體面積之大部，隧部狹窄，中間飾卷雲紋，其兩側和鉦上部兩側各鑄一對稱的昂首龍紋，龍頭作三角形，通身有毛。舞部無紋飾，於和篆間飾雲雷紋，鉦間窄長飾葉脈紋。通高三十九點九釐米，重九公斤。此種大鐃，諸如乳丁扁矮，頭部呈圓錐形，乳丁和篆占鉦體面積之大部，隧、鼓部狹窄，特別是隧部和鉦上緣兩側各鑄一爬行龍紋以及鉦間飾葉脈紋等裝飾作風，明顯是南方地區獨有的風格，在中原地區根本不見。相近的銅鐃目前只見於南方的廣西灌陽縣仁江鐘山出土的一件[14]和湖南省博物館收藏的一件[15]，特別是美國芝加哥美術館收藏的一件[16]更與之相同。其鉦間所飾葉脈紋和贛境地區商周幾何形印紋陶上流行的同類紋飾完全一致，其時代當為商末至西周早期。

上述三類銅器中，以第一、二類居多，第三類較少。可以看

13　參見彭適凡《贛江流域出土商周銅鐃和甬鐘概述》，《南方文物》一九九八年第一期。

14　《廣西出土文物》，文物出版社一九七八年。

15　參見高至喜《論中國南方商周時期銅鐃的型式、演變與年代》，《南方文物》一九九三年第二期。

16　參見陳夢家《西周銅器斷代（五）》，《考古學報》一九五六年第三期。

到，在宗周勢力不斷影響和推動下，鄱陽湖—贛江流域的青銅冶鑄技術有了較快提高，宗周禮樂制度也逐漸傳入，因而才有可能出現較多的像甬鐘一類的青銅樂器。僅我們粗略統計，歷史上江西境內的南昌、分宜、武甯、宜黃、上高、吉安、高安、豐城、進賢、樟樹以及贛南等十一個縣、市，曾出土青銅樂器達七十餘件。新中國成立以來，又先後在萍鄉、宜春、宜豐、靖安、萬載、新餘、鷹潭、南昌、新建、樂平、橫峰、樟樹、新幹、吉安、吉水、永新、德安、永修、修水、武甯等二十餘個縣市出土了商代青銅鐃二十三件，西周青銅甬鐘、紐鐘等樂器十餘件。儘管有的甬鐘在紋飾風格上表現出了一些地方特色，但其基本造型與中原完全一致，這無疑應是受到了西周禮樂制度影響的結果。

二　文化面貌漸趨一致

這主要表現在許多遺址出土的陶器上。這一時期印紋陶仍然相當發達，但從西周晚期始，已呈減弱的趨勢。以九江磨盤墩遺址為例，印紋陶的紋飾種類雖有三十餘種，但主要的是繩紋和間斷繩紋，竟占到整個印紋陶紋樣的百分之七十三以上，這與中原地區同期遺址流行的陶器紋飾大體一致。其他許多曾經流行的幾何形紋飾，總的來說比商代和西周早期明顯減少。與此同時，像那種帶「囝」、「卌」、「甗」（田）字的幾何形紋飾陶片，不僅在磨盤墩遺址發現，而且在江西的很多西周中、晚期遺址，諸如清江築衛城、樊城堆、奉新西塹裏、修水普塅上、宜豐同安太平塅、棠浦東皮嶺、上高泗溪鷺鷥嶺等遺址都有出土，特別是修水普塅上西周遺址，同時出現幾種不同形式的「田」字組成的花紋

更是少見。這種「田」字圖案的出現決非偶然，它應是中原的西周「井田」制度在贛江流域也得到逐步推行的曲折反映。至今在贛南山區的西周遺址中尚未發現這種「田」字花紋，或許表明「井田」制的威力在這裡還顯得較為微弱。

從贛江流域發現的一些西周中、晚期遺址來看，其文化面貌已開始漸趨一致。如果說在商代或西周早期，各地的文化面貌尚有一些差異的話，那麼到西周中、晚期，這種差異已漸趨消失，基本融合為一體了。這不僅反映在如前所述的一些青銅器上，而且在日用陶器上也可看出。諸如那種高錐狀足鼎、高矮錐狀足鬲、圓柱狀平足尖鬲、高錐狀足外側帶槽鬲、內外附耳或貼耳的甗形器以及矮圈足豆、高細喇叭形豆等，都是各地較普遍流行的器皿。又如各地出土的印紋陶紋飾，大體都表現出一致性，那種大型粗放的帶狀變體獸面紋、仿銅器式樣的雲雷紋、回字變體紋、勾連雷紋、曲折紋以及凸方格紋、凸方塊紋、凸回字紋、菱形凸菱紋等與曲折紋的組合紋飾，幾乎所有西周遺址中都可見到。這些紋飾的一個共同特點是，仿銅器花紋的紋飾相對增多，凸浮雕式特別盛行，總的紋飾風格已不像吳城青銅文化那樣嚴謹、規整和緻密，而變得隨意、鬆散，且大塊的較多，猶如大筆頭畫那樣，顯得渾厚粗壯，活潑有力。有必要注意的是，這些紋飾不僅流行於江西省境內的西周遺址中，在長江下游的蘇、浙、皖等地的西周遺址和墓葬中也常可見到，這就說明，到了西周中、晚期，文化融合的大趨勢不僅出現在贛江流域，而且已在更大範圍內擴展。

第三節 ▶ 西周王朝在贛地的統治據點

從前面所揭示的諸多考古資料來看，至遲到西周中期，宗周王朝的政治版圖已達江西境內，而且很有可能有一個受封於中央王朝的方國政權，只是這一方國政權的名稱，在文獻記載中難以找到，目前，只是在考古發掘和出土文物中為我們提供了一些線索。

一 應

一九五五年餘幹黃金埠出土一件西周青銅甗，甗內壁有「應監作寶尊彝」銘文，故稱「應監甗」（圖4），經郭沫若氏考定，認為：「此甗，據其花紋形制與銘文字體看來，乃西周初期之器，作器者自稱『應監』，監可能是應侯或應公之名，也可能是中央派往應國的監國者。」[17]此後，眾多學者開展研究，有的支持應監人名說[18]，有的則主張這裡的應監不但不是應公或應侯本人，反而

圖4 應監銅瓶內壁銘文拓本

---

17 參見郭沫若《釋應監甗》，《考古學報》一九六〇年第一期。

18 參見周永珍《西周時期的應國、鄧國銅器及地理位置》，《考古》一九八二年第一期。

可能是「監視應公或應侯」的西周王朝下派的官吏[19]。李學勤也對「應監甗」進行了研究，並提出了與眾不同的大膽新說，他認為：該甗銘中之「應」非姬姓應國之「應」，「應監」也未必是姬姓應國的監，「在康、昭之世，應國之君當如金文所見稱『應公』、『應侯』，不會稱為『應監』，也沒有由朝廷專派應監的理由。相反的，如果甗銘的『應』在江西北部，當時屬於邊遠，周公定東夷之後，在其地置監，則頗合情理。」[20]近年來，劉正對眾說一一進行分析和駁議，他認為應監既非人名，也不是西周王朝下派「監視應公或應侯」的官吏，因為這和西周自作器銘文的通例不相符合，「西周自作器銘文的通例一股是在銘文中點出作器者的氏名或職名的。這裡的『應』是氏名，職名是『監』。」[21]因而他主張「應監當是西周王朝從應國王室中選出的下派到江西餘幹地區的出任監國的應氏嫡系子孫。」但是，他也不同意李學勤的江西也有應國的主張，認為「此說恐怕和對應國的古代文獻記載以及現今出土文物的地點多有不合。」我們知道，出土「應監甗」的餘幹縣，係古餘汗縣地，位於今鄱陽湖畔，是贛鄱境內最早被開拓的地區之一，也是很早以來南北交通，尤其是中原通往東南浙、閩各地的必經之地。周公平定東夷之後，在南國的邊遠之地設監，以加強其控制，對此，劉正和李學勤觀點是相通

19　參見耿鐵華《應監甗考釋》，《東北師大學報》一九八一年第六期。

20　參見李學勤《應監甗新解》，《江西歷史文物》一九八七年第一期。

21　參見劉正《江西所出應國銅器銘文研究》，《南方文物》二〇〇六年第二期。

的。至於對「應監」的解釋，當然不能排除係指周王朝選用應氏子孫前往南方監國的可能，但筆者認為，這裡的「應監」之應，係指地而且就是古之餘汗地是完全可能的。因為，西周銅器銘文中，除「應監」之外，尚有「句監」（《句監鼎》）、「榮監」（《榮監》）和「艾監」等稱，「句監」是指句地之監國者，「榮監」是指榮地之監國者，「艾監」是指艾地之監國者，既然「句監」之句、「榮監」之榮、「艾監」之艾都係指地，那為何「應監」之應不能指地？如「應監」之應有可能也係指地的話，而這件「應監甗」又出土在江南的餘幹而非河南的平頂山地區，那就完全有可能如李學勤所考證的，西周初年古餘汗地區有一非姬姓的方國，或也就稱應國，和河南地區的應國僅是同名而已。在西周時的封國中，這種同名異地的例子就不乏其例，如「艾」就有兩地，據程廷祚《春秋地名辨異》考證就有齊地的「艾」和吳地的「艾」。

二 艾

　　李學勤還進而考證一九八一年陝西扶風溝原出土的銅飾件上的銘刻「艾監」[22]，也如「應監」一樣，是西周晚期周王派往「艾」地之監。此「艾」應是江西省境的古地名，見《左傳》哀公二十年，在今修水縣西。關於春秋時期的「艾」地，據程廷祚《春秋地名辨異》考證有二，一是齊地，「隱公六年，公會齊侯

22　參見李學勤《應監甗新解》，《江西歷史文物》一九八七年第一期。

盟于艾」；二是吳地，「哀公二十年，吳公子慶忌出居於艾」。《逸周書・世俘解》：「庚子陳本命伐磨，百韋命伐宣方，新荒命伐蜀。乙巳，陳本命新荒蜀磨，至告擒霍侯，俘艾侯小臣四十有六，禽禦八百有三兩（輛），告以馘首。」宋羅泌《路史》：「艾，商侯爵，有艾侯鼎」。黃長睿《鐘鼎遺文》：「商，艾侯鼎銘雲：維元祀，王命艾侯作鼎，曰錫爾侯，豐爾稼，使爾子子孫孫永保用享。」這些文獻及銘刻中所稱之「艾侯」，當是齊地之「艾」無疑，是周王朝在中原所封之侯國。至於陝西出土銅飾件上銘刻「艾監」之「艾」，應為吳地之「艾」，是周王朝派往邊遠之地即今贛西北修水縣境的統治者。如是，則可據出土青銅器證明，西周時期的贛郡地區，至少有兩個以上受命於中央王朝的地方政權，也可能就是被封的方國，即贛東北的「應國」和贛西北的「艾國」。如果加上新幹牛頭城是一方國的話，那至少有三個，只是牛頭城方國目前僅是一推論，尚待進一步發掘證實。

第九章 ———

東周時期「吳頭楚尾」的江西（上）

西元前七七○年，周平王被迫東遷，王都由今天西安附近的豐鎬之地東遷至今天的洛陽附近，自此之後，到西元前二二二年，共五○○多年，史稱東周。東周時代又可分為春秋和戰國兩個階段，以西元前四七五年為界。平王東遷後，周王室日趨衰微，而諸侯國空前膨脹，它們之間相互爭雄、稱霸兼併，以致出現「挾天子以令諸侯」的局面。當時參與爭霸的有晉、齊、秦、楚、吳、越等諸侯大國以及眾多的如魯、衛、宋、鄭、陳、許、蔡、徐等小國。此後，韓、趙、魏三家分晉，從而出現了齊、秦、楚、燕、韓、趙、魏七國爭雄的戰國時期。

從上不難看出，春秋戰國時期，中國的南方地區主要存在三個比較大的諸侯國，即東部江浙地區的吳國、越國和西方的楚國，而江西地區正處於這三個諸侯國疆域的交接地帶，是它們相互爭奪、輾轉角逐的極為激烈地區，所以，雖然贛鄱地區始終未能成為某一諸侯國的中心所在，但此一時期也並非平靜，同樣捲入了當時歷史的漩渦。當時，江西地區的政治歸屬，尤其是贛北包括贛西北和贛東北地區，隨著吳、楚、越各自進入贛境時間的不一，隨著它們各自力量的消長，其界域也不斷互有變異，前人論述，流行的話就是「吳頭楚尾」或「楚尾吳頭」，如《方與勝覽》載：「豫章之地，楚尾吳頭。」朱羲《鉛山立春詩》中雲：「雪擁山腰洞口，春回楚尾吳頭。」清代顧棟高則用一句很形象的話說就是「犬牙相錯」（《春秋列國地形犬牙相錯表》）。

既然春秋戰國時期江西的政治版圖一直謂之「吳頭楚尾」，那麼，這一漫長的五五○餘年間，江西全境究竟具體歸屬怎樣？吳、楚勢力究竟何時伸入贛境？它們各自分界在哪里？這都是一

些錯綜複雜的問題，也是千百年來史家想憑文獻解答而又無法解答的問題。直到上世紀四十年代吳宗慈主編《江西古今政治地理沿革總略》（江西通志館鉛印本）中還說：「春秋時，東部一偶（秦漢餘汗縣地）屬吳外，全部皆為吳之西境，楚之東境，其界域不可考。」

近數十年來，隨著考古事業的發展，大量的古遺址和古墓葬的被發現，這無疑為探討春秋戰國時期江西政治歸屬問題提供了重要資料，大大有助於我們逐步梳理清這些問題。

第一節 ▶ 楚人東進與「吳頭楚尾」格局的形成

所謂「吳頭楚尾」，當然主要系指贛北地區而言，具體包括洪州（南昌）、江州（九江）、饒州（鄱陽）等地。對贛北這些地區，春秋戰國時期的歸屬問題，歷來學者也是眾說紛紜，莫衷一是，但概括起來，大體有三種說法：

第一，屬吳說。如：

《元和郡縣誌》：「江州，春秋吳之西境。」

《太平寰宇記》：「洪州，春秋時吳地，戰國屬楚。」

第二，屬楚說。如，

《史記‧貨殖列傳》：「江南豫章、長沙，此南楚也。」

《水經注》：「贛水又北逕南昌縣故城西，於春秋屬楚。」

《通典》：「洪州，春秋戰國時並屬楚。」

《史記‧正義》：「江南，指洪、饒等州，春秋時為楚東境也。」

《元和郡縣誌》：「洪州，春秋時楚之東境。」

《文獻通考》：「洪州、江州，春秋屬楚。」

《方輿勝覽》：「隆興府、饒州，春秋屬楚；南康軍，春秋時吳楚之地。」

第三，吳楚說。如《太平寰宇記》引張僧監《潯陽記》雲：「九江府，春秋時為吳之西境，楚之東境。」

由於唐、宋以來學者所持意見的歧異，因而在後來的一些地方誌書中，在闡述各府、州、縣的歷史沿革時，也是各有所從，基本不出上述的範圍。

持第一說者，如《大明一統志》載，江西「禹貢荊揚二州之域，天門分野，春秋屬吳，戰國屬楚。」；康熙二年《南昌郡乘》載：「洪州先屬吳，次屬越，後屬楚。」；明正德《袁州府志》：「袁州府，禹貢揚州之域，春秋屬吳，戰國屬楚。」；同治九年《靖安縣誌》：「春秋時屬吳，越滅吳屬越，楚並越屬楚。」其他諸如《上高縣誌》、《宜春縣誌》、《清江縣誌》、《新淦縣誌》等都有相同內容的記載。

持第二說者，如乾隆五十四年《南昌府志》引《通典》的話說，「洪州，春秋戰國時並屬楚。」

持第三說者，如明嘉靖《九江府志》：「春秋為吳楚地。」清光緒《江西通志》：「南昌府，春秋時楚之東境，吳之西境。」「袁州府，春秋時為吳楚地。」「南康府，春秋時為吳楚地。」「九江府，春秋時為吳之西境，楚之東境。」

上述三說，吳楚說是在不能確斷是屬吳還是屬楚情況下一種比較含混籠統的說法。或吳或楚說，雖是從總體而言，但其結論

似過於簡單化了。我們知道，春秋一代近三〇〇年，荊楚和勾吳的勢力伸入江西境內的時間先後不一，何況大越的故界也較早延伸到贛東北境，因此，對鄱陽湖周圍及贛江下游地區春秋時代的具體歸屬上還應作具體分析。

一　西楚東進歷程

　　西楚，原是周成王時封在「楚蠻」荊山一帶的小國，到西周晚期楚王熊渠時，「甚得江漢民間和，乃興兵伐庸、揚越，至於鄂。」（《史記·楚世家》）說明這時楚的勢力已經擁有西起江北庸地（今湖北竹山縣），東達漢水下游的鄂國地區，之間相距數百里，至於南北之範圍，史籍雖未載及，但決不可能僅限於長江兩岸一狹長地帶，所謂「江上楚蠻之地」，在西南面似應抵達湖北的清江流域和湘西北的洋水流域；在東南則應達洞庭湖以北和湘東地區，湖南考古工作者分別在湘西北洋縣周家溪和湘東北湘陰曬網場發現的西周晚期遺址，明顯具有楚文化因素就是有力證據。[1]湘東北與贛西北緊相毗鄰，是否當時楚的勢力已跨越幕阜山脈到達贛西北境，目前尚難以斷定，有待今後考古資料去證實。

　　目前較有把握的是，至遲到春秋中期以後，楚國的勢力已達贛西北境。楚成王時（前 671-625 年），楚對南方的擴張掀起了

1　參見何介鈞《湖南商周時期古文化的分區探索》，《湖南考古輯刊》，岳麓書社一九八四年第九期。

一個高潮。《史記·楚世家》:「成王惲元年,初即位,布德施惠,結舊好於諸侯。使人獻天子,天子賜胙,曰:『鎮爾南方,夷越之亂,無侵中國』。於是楚地千里。」就是通過這次大規模的戰爭,楚國的南疆已擴展到了洞庭湖以南的湘中包括今之長沙、寧鄉等地。這裡所稱「夷越之亂」的「夷越」應是指洞庭湖以南即湘、資水中下游地區的古越族,看來似也包括贛江下游即贛西北、贛西地區的古越族,正是在這次「鎮爾南方」擴地千里之際,楚的勢力也同時推進到了贛西北即今鄱陽湖以西地區,所以,司馬遷說江南豫章、長沙並屬南楚是有一定道理的,只是應作注曰:乃春秋中期之後,長沙和豫章才為楚之南疆。

那麼,從春秋中期以後到春秋晚期,也即到西元前五〇四年以前,吳國疆域有否可能擴展到鄱陽湖以西地區來呢?如果從當時吳、楚之間的交戰形勢考察,這種可能性是不存在的。整個西元前六世紀一〇〇年間,「吳與楚的戰爭,輾轉拉鋸,異常激烈,其戰場時而在楚邑,時而在吳地,雖然楚軍有時也曾一度直插吳之腹地,但總的看,這一期間吳與楚爭逐的重心還是在江淮,開始在皖北,然後逐漸轉到皖中和皖東南地區」[2]。自西元前五一三年,吳滅徐後,標誌著吳的國力日趨強大,因而更集中力量西向伐楚,吳王闔閭在伍子胥、伯嚭和孫武等謀劃下,曾先後發動了幾次攻楚大戰,先後攻占過居巢(皖巢縣東北五里)、

2　參見彭適凡《春秋徐國南疆析疑》,《江西社會科學》一九八二年第二期。

鐘離（皖鳳陽縣）、六（皖六安縣）、潛（皖霍山縣東北）、州來（皖壽縣）以至打到楚國首都（湖北江陵），但當時進軍路線主要仍在江北。

直到闔閭十一年（西元前 504 年），「吳王使太子夫差伐楚取番」（《史記・吳太伯世家》）前後，吳對楚用兵的重心才逐漸轉移到江南。《史記・索隱》：「番，昔潘，楚邑名，子臣即其邑之大夫也。」對此次戰役，《左傳・定公六年》記載得更為詳細：「四月己醜，吳太子終累敗楚舟師，獲潘子臣，小惟子及大夫七人，楚於是乎遷郢於鄀。」按番，即今之鄱陽縣，地處鄱陽湖之東岸，既然是「伐楚取番」，說明在此之前，鄱陽縣已經是楚的疆域，那麼鄱陽湖以西的大片地區則更應是楚的疆域無疑，所以，《史記・正義引括地志》云：「饒州鄱陽縣，春秋時為楚東境」是有根據的。近年，婺源縣博物館在縣東北浙嶺山頂上發現一塊書有「吳楚分源」四個隸體大字的界碑（圖 1），碑身高大，氣勢雄偉，雖該碑係清代雲湖詹奎所立，但此地為吳楚分源之傳說卻由來甚古。今從吳楚爭戰的形勢考察，這一地帶為吳、楚之分界處當是完全可能的，只是，其時代應該就在春秋中期到末期（如具體說即西元前 504 年之前）這一期間。

據此，我們認為，至遲從春秋中期起到西元前五〇四年，鄱陽湖以西包括今之九江、南昌等地都屬於楚的範圍，即所謂「南楚」之地。

又據《史記》卷六七所載，春秋晚期，魯國有個武城人（今山東嘉祥縣南）叫澹台滅明，字子羽，是孔丘的弟子，但因長得醜陋，孔子瞧不起他。後來，他遍遊海內，積極傳播儒家學術思

想，也曾「南遊至江」，遊至長江流域楚國各地，當然也來到古代之南昌，從學弟子達三百餘人，由於子羽的名聲越來越大，孔子聞之則大為感歎：「吾以言取人，失之宰予；以貌取人，失之子羽。」

圖 1　吳楚分原「碑」

此外，唐、宋以來的一些文人詩詞中，多把南昌的西山稱「楚山」，豫章水稱「楚水」等，如唐代李紳《過鐘陵》詩中云：「江對楚山千里月，郭連漁浦萬家燈」；宋代王安石吟詠洪州城裡新落成的物華樓詩云：「千里名城楚上游，江山多在物華樓。」；明代王直《詠澹台墓》詩中也云：「高風千載動延津，還有孤墳楚水濱。」等等。

上述有關子羽和楚水、楚山等種種傳說和紀念建築物，恐怕不能全看成是無稽之談，它應是從一個側面反映了一定的歷史真實。

不僅如此，我們還認為，至遲從春秋後期起，隨著楚的勢力在湖南地區的不斷南進，也自然伸进到贛境的宜春、萍鄉等贛西地區，一九七三年萍鄉市郊蘆溪高樓楚式銅鼎的出土，就是有力物證。該銅鼎缺蓋，帶子母口，口沿外側有一周凸棱，腹較深，

雙附耳，馬蹄形腿，且外撇，器腹中部有一淺凸弦紋，弦紋上下滿布蟠虺紋。除三足外，全器均烏黑發亮，幾可鑒人，惟三足色呈灰綠，表面一灰色粉狀，顯然器身與器足係不同合金成份鑄成。口徑十九點六、通高二十六釐米（圖2）。這種帶子母口深腹銅鼎是典型楚式鼎之一[3]，與安徽壽縣蔡侯墓出土的一式鼎[4]以及湖北當陽金家山二三五號墓出土的銅鼎[5]很相近，其時代都為春秋晚期。

二　吳越西擴及楚、吳、越勢力的界定

據《史記·吳太伯世家》記載，周太伯與其弟仲雍同奔荊蠻，自號勾吳，所謂「荊蠻」者乃指古越族聚集之地。勾吳最初立國的地點，一種說法當在今無錫東南梅裏。「太伯起城週三裏二百步，外郭三〇〇餘裏，在西北隅，名曰故吳，人民皆耕田其中。……太伯殂卒，葬於梅裏平墟。」（《吳越春秋·

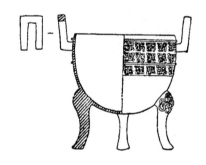

圖2　附耳蹄足「楚式」銅鼎（萍鄉）

3　參見高崇文《東周楚式鼎形態分析》，《江漢考古》一九八三年第一期。

4　參見安徽省博物館《壽縣蔡侯墓出土遺物》，科學出版社，一九五六年版。

5　參見高應勤《當陽趙家湖楚墓分類和分期》，見《中國考古學會第二次年會論文集》，文物出版社一九八二年版，第四十六頁。

吳太伯傳》）。說明當時勾吳疆域主要在太湖東北，以後逐漸與周圍其他部族展開鬥爭，才得以逐步發展，到西元前六世紀前期吳王壽夢時，巫臣由晉使吳，教吳用兵乘車，使吳叛楚，於是「蠻夷屬於楚者，吳盡取之，是以始大，通吳於上國。」（《左傳・成公七年》）自此，吳國疆域得以迅速擴展，只是擴張的方向主要是北和西，目前尚未發現有文獻和地下出土物能證明當時吳的國力已伸進到贛北或贛東北地區。

及至春秋晚期，吳、楚用兵的重心移到江南以後，吳的疆域才得到空前的發展，以南境和西南境來說，自西元前五〇四年，夫差「伐楚取番」之後，「楚國大惕」，「楚懼吳兵複往，乃去郢徙於鄀」，也就在這次吳奪取了楚之東面重鎮「番」之後，吳乘楚大敗退之機，盡占江南之楚地，今之贛北九江、修水（古艾國）、南昌甚或贛中樟樹等地都在這時一度為吳所占，正因這時贛西北的修水等地為吳所據，所以三十年後，即哀公二十年（西元前四七六年）「吳公子慶忌驟諫吳子曰：『不改必亡』，弗聽，出居於艾，遂適楚。」（《左傳》）杜預注：「艾，吳邑，豫章有艾縣。」既然「出居於艾」，當然已是「吳邑」，「遂適楚」又說明這裡是吳的邊境地區，離楚境當是很近了。《大清一統志》：「艾縣舊城，在義寧州西，本春秋吳邑。」這裡所指「本春秋吳邑」，應是指春秋晚期最後三十年間的事，在前五〇四年「伐楚取番」前無疑這裡還是楚邑。

南昌以南的樟樹、新幹地區，從出土文物來看，此時當也已

入吳的版圖。一九七四年樟樹市臨江鎮出土一件銅盨盤[6]，體身厚實，顏色翠綠，古鏽斑駁。口徑四十二點七釐米、通高十八釐米（圖3）。平折沿，方唇，稍斜折肩，平底，有

圖3　銅盨盤（樟樹臨正）

三短足，尚有兩獸面環耳，惜已殘損。器身外壁滿施規整的花紋：唇上沿外側飾陰刻纖細的雷紋；頸部飾突起的浮雕蟠虺紋；折肩兩面均陰刻纖細的雷紋，上下又各飾一道繩索狀的堆紋；腹部主題紋樣為蟠虺紋，近底飾三層重疊的垂葉三角雲紋，底部中間鑴有一銘記「⟨⟩」。全器規整，精美，紋樣繁縟、緊湊。無論其造型或紋飾和清末同治年間山西代州蒙王村出土的「攻吳王夫差鑒」以及一九五五年安徽壽縣蔡侯墓出土的「吳王光鑒」都很相似，所以，都應該是春秋晚期吳國器。所不同的是，後兩件體型較大，大口廣圓腹，故稱鑒，而臨江出土的這件，體型較小，當應稱盨盤。再聯繫到清代乾隆年間，臨江鎮曾出土過吳國「工王」編鐘十一件，這就更有力說明，古代清江地區於春秋晚期確曾有過備有「金石之樂」的吳國貴族在這裡活動過。

　　進入戰國以後，鄱陽湖以西的贛江下游地區的歸屬，歷代學

6　參見陳柏泉《春秋銅鑒》，《文物工作資料》（內部）一九七五年第三期。

者較一致認為「屬楚」，這基本是正確的，更確切地說，戰國早期屬越，中期以後則屬楚。

自吳王闔閭十一年「伐楚取番」之後，贛江下游地區一度全被吳所佔領，但是，時間並不很長，就在慶忌奔艾後的第三年，即西元前四七三年，越國就把吳滅了，吞併了吳國全部領土，自然也包括贛江下游甚或中游地區，至今在贛北、贛西地區留下的有關越王的遺跡或傳說，大概都屬於這時期的事。

這些地區零星出土的文物，也提供了明顯的實物證據。例如一九五五清江樟樹農校發現的一座戰國早期墓中，出土了一件窄平沿雙環豎耳銅鼎，淺腹，三扁足外撇。口徑二十釐米、通高二十三點五釐米。其造型與春秋末年的江蘇六合程橋墓[7]以及丹徒糧山[8]、蘇州城東北出土的銅鼎[9]相同，是吳越地區流行的一種較早期的「越式鼎」。又如一九五六年上高縣塔下村出土過三件戰國早期銅鼎[10]，鼎體為淺腹，附耳，坦底，三扁足外撇，有的帶子母口，拱蓋，蓋中為一環鈕，其造型與江蘇句容下蜀出土的[11]相近，都是具有典型「越式鼎」的風格。

二○○七年靖安水口鄉李洲坳發掘的東周時期的同穴多棺合葬墓亦充分說明瞭這一問題。

7　參見《江蘇六合程橋東周墓》，《考古》一九六五年第三期。
8　參見《江蘇丹徒出土東周銅器》，《考古》一九八一年第五期。
9　參見《蘇州城東北發現東周銅器》，《文物》一九八○年第八期。
10　參見薛堯《江西出土的幾件青銅器》，《考古》一九六三年第八期。
11　參見《鎮江地區近年出土的青銅器》，《文物資料叢刊》，一九八一年第五期。

據《中國文物報》二〇〇七年八月三日載李政《江西靖安李洲坳東周墓葬發掘現場實錄》一文所述，該墓是一座原有封土堆的大型土坑豎穴墓。墓穴南北長十四點五米，東西寬十一點三米至十一點七米，墓口至底部深約三點五米。墓室東邊近南壁有一斜坡墓道，寬約三點二米，殘長五米。坑中依序排列有四十七具棺木，除主棺較大外，其他棺木大小基本一致。墓中的屍體普遍用絲織品或竹席直接包裹，且有不同的等級，即用絲織品的棺內不見竹席，有竹席的則無絲織品等。

　　從至今已開啟的棺木出土的文物來看，總數達六五〇餘件，有紡織品、竹木漆器、玉石器、青銅器、原始瓷器、鐵器、金器及人骨架等。

　　眾多的出土物和現象是前所未見的，具有非常重要的學術價值。如紡織品種類多，尤其是那件錦緞密度每平方釐米高達 240×10 根的朱砂雙色織錦，雖經兩千多年的浸泡和泥沙的腐蝕，至今仍紋理分明，色彩鮮豔，反映了當時的堞絲、印染、織造技術均已達到很高的水準。出土的竹木漆器有竹席、竹扇、竹笥、竹梳、竹刀、竹勺、木梳、木笪、木劍、漆盒等，其中一件竹扇，用精細的竹蔑編成人字形花紋，保存十分完好，是目前中國發現的年代最久、保留最完整的扇類實物證據。在主棺上發現的圓形金銷飾物，直徑達三十釐米，表面用鏨刻技法裝飾出三圈龍形紋飾；週邊環以雙層陶製裝飾品，其上刻精美的雲雷紋。這一飾物造型獨特，工藝考究，是目前國內發現的同期最大的金器飾物，為其他墓葬所罕見。至千墓葬中發現的保存最早的人腦髓組織和頭骨、頭髮等，通過多學科的合作和多種科技手段的運

第九章・東周時期「吳頭楚尾」的江西（上）

501

用，將可能獲得更多重要的信息。

靖安李洲坳特殊的同穴多棺的埋葬方式，是目前中國考古發現年代較早，合葬棺木數量最多的一坑多棺墓。由於發掘工作尚未最後完成，諸多問題尚待進一步研究。但是，從已揭示出的僅用絲織品或竹席包裹屍體的葬俗來看，從出土有大扯紡織品、成套的紡織器材和豐富的竹木漆器以及部分遺物如銅鼎、原始瓷器等形制紋樣的比較分析，它與贛東北龍虎山懸棺葬中出土的同類器相似，似亦表現出某些越族文化特徵。

但是，越國佔據贛江下游甚或中游地區的時間主要是在戰國早期，後來楚國複又強盛起來，也許就在越國政治中心北移的情況下，楚又悄悄西進收復了春秋末年被吳先後奪去的土地，其中當然也包括了贛江下游地區。

近年發現的一些考古資料，也同樣證明自戰國早期以來，楚文化在鄱陽湖以西的贛江下游地區仍有其深厚的影響。如武甯縣石門戰國早期墓出土的遺物中[12]，諸如三叉狀的銅矛墩、銅雷和銅劍等就明顯富有楚文化特色，又如九江縣沙河戰國早期大王嶺遺址出土的大量楚式鬲腿等[13]，同樣都顯現出楚式風貌。

譚其驤推測「自鄱陽湖迤西迤北之地，在楚懷王初年若不在

---

12 參見彭適凡：《武甯戰國墓葬的清理》，《文物工作資料》（內部）一九七六年第四期。

13 參見《江西九江縣沙河街遺址發掘簡報》，《考古學集刊》第二輯，一九八二年。

楚國版圖之內，便當係楚、越兩國的甌脫之地。」¹⁴今以地下出土文物證之，鄱陽湖的迤西迤北地區，至遲到楚懷王時，已入楚國的版圖。

位於「番」之南面的古餘汗縣地，即今上饒的信江流域，春秋戰國時的歸屬怎樣？同樣各持異議:有持吳說的，如光緒《江西通志》卷一載:廣信府「春秋時吳地，戰國屬楚。」同治《餘幹縣誌》:「余幹古揚州域，春秋時屬吳，後屬越。」。有持楚說的，如同治《上饒縣誌》：「廣信府，禹貢揚州之域，春秋時屬楚，昭王十二年吳伐楚取番，勾踐滅吳又屬越。」也有主張屬越說，如康熙二十二年《弋陽縣誌》:「按舊志稱邑地屬吳，吳滅屬越，越滅屬楚，以予考之，不儘然也。」¹⁵認為一直到漢武帝平定閩越時，餘汗一帶都屬於越地。

從古餘汗縣境的萬年、餘幹、貴溪等地至今發現的西周晚一春秋時期的文化遺址，其幾何印紋陶器的某些造型與紋樣表現出和蘇南地區有些相近因素來看，說明它們之間曾有過密切的文化聯繫，同屬於古越族的一支幹越族系，但這一帶，是否很早以來就是古幹國或吳國的疆域範圍，目前尚無確鑿的資料可證。相反。紹興越國興起後，倒可能最先是屬越的範圍。《越絕書・越地傳》載:「大越故界，浙江至就李，南姑末、寫幹。」就李即

---

14 參見譚其驤：《鄂君啟節銘文釋地》，《中華文史論叢》第二輯，一九六二年。

15 康熙二十二年《弋陽縣誌》由知縣譚瑄主修，故簡稱譚志。該志已佚，今引自同治十年《弋陽縣誌》卷一。

李，今浙江嘉興縣西南七十里；姑末，即姑蔑，今浙江龍遊縣北；寫幹即餘幹。

吳國的疆域抵達餘汗地區的時間當有可能是在春秋後期，也許就在西元前五〇四年吳奪取了「番」之後，繼續南進而一舉佔據了餘汗地，特別是夫差二年（西元前四九四）吳敗越於夫椒（今太湖洞庭西山），吳軍更乘勝南下入越，迫越求降於吳。這次吳勢力的推進，可能包括今贛東北上饒地區的大部分屬縣，所以在這些地區至今還遺留有春秋晚期有關吳王活動的遺跡和傳說，如《太平寰宇記》卷一四〇歙州婺源縣條下載：吳村在縣西七十里，謂「昔吳王為越所滅，勾踐流其三子，而長子鴻處此，死因焉，遂名葬處為吳山。」光緒《婺源縣誌》卷六十三也載：「吳山里，在縣東六十里，因其地有吳太子墓故名。」

但同樣為時不久，越很快恢復了舊疆。《吳越春秋・勾踐歸國外傳》載，勾踐七年（西元前四九〇年）自吳返國，厚賄吳王夫差，夫差因而「賜之以書，增之以封，東至於句甬，西至於檇李，南至於姑末，北至於平原，縱橫八百里。」很可能這時的餘汗地區重又返歸越統治。到越滅吳後，已經進入戰國初年，越國曾經西進抵達贛北和贛西北地帶，以後由於楚的復興，越重又退回到餘汗以東的老巢來，直到西元前三〇六年前後[16]，楚滅越，

16　參見楊寬：《戰國史》，上海人民出版社，一九五七年。又據河北中山王墓出土的銅鼎（《河北省平山縣戰國時期中山國墓葬發掘簡報》，《文物》1979年第1期）銘刻中云：「昔者，吳人並越，越人修教備信，五年復吳，克並之至於今」，此鼎鑄於齊破燕之後，即西元前

才全部歸楚。譚其驤推定，戰國時期「越的西界似不可能超過今鄱陽湖東岸。」恐未必完全符合歷史真實，從前已引述的有關出土文物資料來看，不能否認，戰國初期，越的西界曾已進入贛西北地方。

贛南（古虔州）地區，春秋、戰國時的地望，志書中一般都採用《太平寰宇記》和《十道志》的說法，云：「春秋時屬吳。」如明嘉靖《贛州府志》卷一載：「贛古揚州域，春秋隸吳越（始隸吳，吳滅隸越），戰國屬楚。」同治《信豐縣誌》卷一也轉引《十道志》云：「春秋屬吳地。」但有的如光緒《江西通志》則籠統云：「南安府、贛州府『春秋時屬吳楚地，戰國屬楚。』」還有的如《輿地廣記》則認為虔州「春秋時係百越之地。」其他諸如同治《興國縣誌》也採「百越之地」說。

贛南地區，地處贛江上游，與嶺南相接，離政治中心都較遠，從吳、楚、越相互爭戰以及它們各自的擴張歷史分析，特別是從贛南地區至今已發現的一些古文化遺址諸特徵來看，春秋時期，不僅吳的國力未曾到達贛南，就是西楚和東方越國的疆域也未能擴張至此，概稱之為「百越之地」當應符合歷史實際。

及至戰國初年，越滅吳後，不僅贛東北的上饒地區和贛東的撫州部分地區屬越，就是贛南的一部分地區想也已併入越的範

三一四年以後。銘刻說「克並之至於今」，說明當時越國尚存，故該鼎銘文證明楚滅越當在西元前三一四年之後，與楊說前三〇六年左右相合。

疇。《史記》張守節《正義》注為：「戰國時，『永、郴、衡、潭、岳、鄂、江、洪、饒並是東南境，屬楚也。袁、吉、虔、撫、歙、宣並越西境，屬越也。』」這裡所講江（州）、洪（州）、饒（州），大致就是現在的九江、南昌和鄱陽等地區，也就是贛北、贛西北和贛東北的部分地區，屬楚地。實際上，還有袁（州）即贛西的部分地區也應屬楚。這裡所講吉（州）、撫（州）、虔（州），即現今的吉安、撫州和贛南地區，屬越地。必

圖4　上贛君之證稱「印

須指出，張氏的這種疆域的劃分，主要指戰國早、中期情況。到楚悼王命吳起為相「南平百越」之後，特別是楚滅越後，則贛境地區無疑應全部歸楚。上海博物館收藏的戰國古印[17]，「鉨」字，亦作「鉨」，系「璽」的古字，此「上贛君」印璽應為贛江上流之君長印（圖4），也就是說，戰國時期，楚國勢力已擴及贛南，並可能在此設置君長，以加強其統治。

17　上海博物館：《上海博物館藏印選》，上海書畫出版社一九七九年版，第二頁。

第二節 ▶ 揚越與幹越民族的分布及融合

　　贛境地區的土著民族，商周時期，正如第六章所分析的那樣，都是先越民族的分布範圍，大體贛江流域兩岸及其以西為古揚越的分布區，也即商代吳城方國或西周的牛頭城方國區；贛江流域以東特別是贛東北和贛東則為古幹越的分布區。春秋、戰國時期，江西地區的主要居民成分仍然是屬於百越民族。《呂氏春秋‧恃君覽》載：「揚漢之南，百越之際。」說明百越民族分布在長江、漢水以南地區。《漢書‧地理志》顏師古注引臣瓚的話說：「自交趾至於會稽，七八千里，百越雜處，各有種姓。」這就是說，南及越南北部，北至江浙、蘇南、皖南的廣大南方地區都分布著古越民族，只是由於支系繁多，故稱百越。江西自然包含在此一區域之內，其居民顯然也是由百越族人構成。

　　從全省各地發現的古遺址和古墓葬資料看，北到九江，南抵贛南龍南、尋烏，東至貴溪、上饒，西及萍鄉、宜春等地，都出土有具有明顯古越民族文化特徵的遺物，其中最有代表性的遺物就是幾何形印紋陶器和原始瓷器，它是越文化與楚文化及中原其他諸侯國文化最重要的區別之處。這說明東周時期江西的土著民族依然是古越民族，而且，依然延續商周以來的傳統，贛江流域的兩岸及以西為揚越，贛江以東包括贛東北、贛東地區則為幹越。

一　揚越

　　根據古籍記載和考古資料，商周時期，今湖北、湖南及贛西地區當以揚越人為主要居民，其居住地當在漢水下游的江漢地區

及湘、贛部分地區。吳城方國的主體居民就是揚越民族。對揚越民族的源流、分布及其名稱的變異等情況在第六章中已有較詳細闡述。

到東周特別是春秋時期，這一地域基本仍是古揚越人控制著。鄂東南及湖南地區的考古資料證實，這一時期，江漢流域及湘南等地的揚越人不但開掘有銅綠山銅礦，還鑄造有越式銅鼎、靴形鉞以及印紋陶等眾多越人特有的器物。湖南益陽、舊市等地的墓葬、遺址出土物都證明了揚越人的存在事實[18]。

江西考古材料也提供了實物證據，如在高安太陽墟[19]和宜春市郊下浦[20]都發現有無壙穴春秋墓葬。宜春下浦墓是埋在河床的鵝卵石上，墓坑四周、底部及封土均為大小不同的鵝卵石，有木棺和木槨，這種較奇特的葬式是南方地區古越民族的葬俗之一，它與皖南屯溪、蘇南句容以及贛東北上饒[21]、玉山[22]等地流行的土墩墓基本相近，但又有稍許差別，如前者尚有較淺的墓坑，而後者則沒有墓穴，直接在平地上用卵石堆築起墳，這種葬式的基

18 參見傅舉有《關於湖南古代越族歷史的幾個問題》，《百越民族史論集》，中國社科出版社，一九八一年版。

19 參見江西省文物工作隊等《高安太陽墟春秋墓》，《江西歷史文物》一九八六年第二期。

20 參見李科友《宜春春秋墓族屬考》，《江西古代文明探索》，江西科技出版社，一九九八年版，第四十二頁。

21 參見上饒縣博物館《上饒縣馬鞍山西周墓》，《東南文化》一九八九年第四、五期。

22 參見江西省文物考古研究所等《玉山雙明地區考古調查與試掘》，《南方文物》一九九四年第三期。

本相近，表明它們都屬於百越族大的族團，稍許差異又說明它們之間支系的不同。從出土的遺物看，諸如盂形鼎、高撇足缽形鼎、提梁淺腹外撇足鼎、鑵形鉞、扁莖無格短劍、刮刀（有的稱篾刀）以及帶圈點紋印紋陶器、早期瓷器等，都是典型的「越式」文化遺物。同類的青銅器在清江三橋黃閣裏、上高塔下村等地也曾有出土。有意思的是，一九九〇年三月瑞昌縣桂林鄉也出土了盂形銅鼎和附耳蹄足缽形銅鼎各一件，其形制和高安、宜春出土的完全相同。這些青銅器、兵器以及印紋硬陶器和早期青瓷器，尤其是常見的盂形鼎和蹄足缽形鼎，更是典型的「越式」銅器（圖 5）和陶器，與湖南湘潭、衡陽、資興、耒陽和廣東等地出土越式器完全相同，這些都說明高安、宜春、樟樹和瑞昌等地春秋墓反映出的顯然不是楚人而是越人的文化風貌，因為楚墓多葬一套或幾套仿銅器的陶器，春秋楚墓的陶器是鬲、盆或缽、罐的組合，而這些在此墓中均未曾發現。至今在江西全境，春秋時期的楚文物發現較少，春秋時期特別是早期的典型楚墓尚未發現，這些都足以表明春秋一代，尤其是早期，整個今之鄱陽湖—贛江流域依然是越族控制著，西楚的勢力尚未抵及贛境。

二　幹越

　　贛東北、贛東乃至贛南部分地區，從商代萬年文化起至西周，也一直是屬古越文化範疇，但非揚越，而是屬古越的另一支幹越。東周時期，這一地域仍然屬幹越，較普遍盛行的懸棺葬俗就是幹越族人的主要葬俗之一。

　　關於「幹越」問題，自顏師古注漢書改「幹越」為「於越」

後，史家、注家和有關志書都各有從違，這個筆墨官司打了一千多年，一直打到現在，爭論的主要問題，一是先秦諸子書中載及的是「幹越」還是「於越」？二是對「於越」的理解。

對第一個問題，清代學者中，主張「於越」說的，如考據學家王謨在《江西考古錄》卷一中指出：「古稱於越，並無所謂幹越也，本以於越為於越，故以餘於為餘於，及偽餘於為餘幹，並偽於越作幹越，古今地理沿革訛謬類多如此。」主張「幹越」說的，如文字音韻學大師王念孫則在《讀書雜誌》中指出：「幹越夷貉四者皆國名，不得改『幹越』為『於越』，古書言『幹越』者多矣，凡改『幹越』為『於越』者，皆所謂知有一說不知又有二說者也。」

對第二個問題，歷代學者大多數主張「幹越」為「吳越」說，如荀子《勸學篇》楊倞注：「幹越猶言吳越」；也有主張「幹越」為南方古代越族之別名說，如《文選・吳都賦》李善注引《漢書音義》[23]云：「幹，南方越名也」，《漢書》顏師古注引孟康曰，「幹越，南方越別名也」，他們都認為「幹」或「幹越」為南方越之別名，到韋昭注《漢書》則更具體指出是「今餘幹縣越之別名」。解放後，俞靜安發表了《幹越考》的長篇論文[24]，

23　服虔和應劭都有《漢書音義》，李善注引的《漢書音義》未注明是誰的，今據應劭《漢書音義》中有關於餘汗得名的記載：「汗音幹，汗幹古通，幹水旁故停水處，縣在餘水之旁，水所傍聚故號曰餘幹。」，這似與「幹越，南方越別名也」一語有矛盾，故推之係服虔的《漢書音義》可能性更大。

24　參見俞靜安《「幹越」考》，《山西師範學院學報》一九五七年第三期。

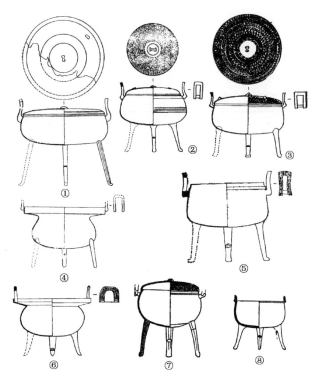

圖5　春秋「越式」銅器
①②③⑤⑦附耳細蹄足缽形鼎　④⑥盂形鼎　⑧豎耳外撇足鼎
（①②③④高安；⑤⑥瑞昌；⑦上高；⑧樟樹）

較集中而系統地論述了幹越族的源流及其有關問題，其中也特別考證了「幹越」確係一個名詞，是古越族的名稱，古餘汗縣境是幹越族的活動範圍。他除了引證《漢書》孟康注和韋昭注作為確切的證據外，還列舉了三條有關餘幹縣以幹越命名的古跡材料作為佐證，如「幹越渡」、「幹越亭」等。童書業經過一番考證，也認為「幹」當是一個大族之名，似是「百越」中的一種，其支

族大概分布於大江南北[25]。

筆者是很同意俞、童諸先生觀點的。近年來，何光嶽也對幹越的源流提出不少創見，但其中有關遷徙的意見是值得商榷的。他說：「幹國被吳滅亡後，除一部分遺民仍留居於臨淮、邗等故地外，其餘的分兩支南遷，一支或因被吳王徵調，遷到吳都姑蘇一帶，如幹將在幹山鑄劍便是。……一支則南遷江西餘幹。」[26] 實際上，在吳滅幹前，也即整個西周，不論吳都姑蘇抑或彭蠡以東的餘汗地帶，都有越人，而且是幹越人活動的足跡，這可從此一廣闊地域的考古學遺存和發現得到啟示和證實。

那麼，幹越的活動中心在哪裡？答案無疑應在蘇南的寧鎮地區，此後很自然也就在這中心區建立起方國曰邗國。劉美崧提出「幹越族最初建立方國的地方當在餘幹一帶」[27]，這是對韋昭《漢書注》「幹越，今餘幹縣越之別名」一語的引伸和發展，似無更多的資料證實，可以說，既無文獻可徵，又無地下出土物作證；相反，說寧鎮地區是幹越族的活動中心，是幹越立國之所在，其材料較為充分。

《說文》釋：「邗，國名，今屬臨淮。」一曰：「邗本屬吳。」《說文通訓定聲》注釋「邗，今江蘇揚州廢江都縣，古邗城也。」

25　童書業：《中國古代地理考證論文集》，中華書局，一九六二年版，第113、114頁。

26　何光嶽：《幹越的來源及遷徙》，《百越源流史》，江西教育出版社一九八九年版，第67頁。

27　參見劉美崧《試論江西古代越族的幾個問題》，《百越民族史論集》，中國社科出版社一九八一年版。

古邗國立於何時？或係從淮汝南遷而至?尚有待進一步研究和考古發掘證實。據史籍記載，當商末周初之際，曾有大王之子太伯、仲雍奔荊蠻立勾吳之事，荊蠻是商周時期中原人對南方蠻類的泛稱，那麼，太伯、仲雍出奔荊蠻的地界當在今蘇南地區，他們從中原來到南方，同樣只能棲身於土著文化之中。《左傳》哀公七年載及子貢的一段話說：「……太伯端委以治周禮；仲雍嗣立，斷髮文身，贏以為飾」，這說明太伯、仲雍之所奔乃是「斷髮文身，贏以為飾」的越族之地，而這支越族似應是幹越而非於越[28]，這樣，到西周時期，在幹越族範圍內建立的方國除原有的幹國外，還有一個「勾吳」，它們互為鄰邦，故常展開爭戰，所謂「昔者吳幹戰，未齔不能入軍門，國子摘其齒，遂入為幹國多。」[29]（《管子・小問篇》），也許就在這場大決戰中，幹被吳所滅，其滅亡時間，郭沫若推定「在春秋以前，至遲亦當在春秋初年」[30]是有道理的。「幹為吳滅，而吳亦稱幹，猶鄭為韓滅，而韓亦稱鄭」（王先謙《荀子集解》一），正因吳滅幹後也稱幹，故吳王又稱邗王。到吳王夫差時，為了爭霸中原，竟把邗作為陪都，在古邗國地方築城名叫「邗城」，又為溝通長江和淮河而掘了一條「邗江」，即《左傳》所載，哀公九年「吳城邗，溝通江

---

28 參見俞靜安《「幹越」考》，《山西師範學院學報》一九五七年第三期。
29 郭沫若認為「為幹國多」句中的「多」應是「死」之誤，見《管子集校》。
30 參見郭沫若：《吳王壽夢之戈》，載《奴隸制時代》，人民出版社一九五四年版，第32頁。

淮。」《水經注》:「邗水南流逕邗城西北,故邗國也。」

　　不僅如此,至今還發現有三種自銘為幹國的青銅器,兩件壺係一九三五年在輝縣出土[31],壺上銘曰:「禺邗王于黃沱(池),為趙孟邗王之惕(錫)金,台(以)為祠器」,那是指哀公十三年夏,吳王夫差與晉國代表趙鞅相會於黃池爭長的事。「禺」,唐蘭、郭沫若讀為「迂」;童書業、李平心釋為吳,這裡的邗王自然是指吳王夫差了。另一件是戈頭,自銘曰:「邗王是 (野)乍為元用」,據郭沫若考證,此邗王就是吳王壽夢。諸件邗國銅器的出土,證明了幹為吳滅,而吳確曾稱幹,其有此稱呼的時間至遲在壽夢時,甚或更早。至於為什麼吳滅「幹」後反稱「幹」呢?除有「猶鄭為韓滅,而韓亦稱鄭」那樣的通例外,更主要是因吳國的被統治者和邗國的人民同屬於一個老祖宗,既然同是幹越人,那滅了幹國後,當然王可以稱邗王,城可以稱邗城,江可稱邗江了。

　　正因西周到春秋時期幹越族的活動中心在寧鎮地區,其範圍包括古餘汗縣境的贛東北和贛北部分地區,因此,處於春秋晚期特別是戰國時期的貴溪懸棺葬主人無疑應是古幹越的後裔。那麼,自(於)越滅(幹)吳後,即整個戰國時期,那些古幹越人的後裔究竟怎樣演變,有否專有名稱?這又得聯繫這一時期的歷

31　參見陳夢家:《禺邗王壺考釋》,《燕京學報》一九三七年第二十一期;唐蘭:《趙孟疥壺跋》,考古社刊第六期,一九三七年;郭沫若:《奴隸制時代》,人民出版社一九五四年版。

史鬥爭形勢和所屬地望進行考察了。

　　春秋時期，整個贛北地區，有所謂「楚尾吳頭」之稱，實際上後來是吳、楚、越的相互角逐之地，大概鄱陽湖以西屬楚，以東屬吳，但情況也並非完全如此。《史記・吳大伯世家》載，闔閭十一年（西元前五〇四年）「吳王使太子夫差伐楚，取番」，也即《左傳》定公六年所載，「吳太子終累敗楚舟師，獲潘子臣、小惟子及大夫七人」。《史記》索隱：「番、音潘，楚邑名，子臣即其邑之大夫也。」按番，秦為九江郡之番縣，今之鄱陽縣，濱於鄱陽湖東岸，「取番」當然是取之於楚的手中，說明在此之前，楚的勢力曾伸到鄱陽湖以東地區，餘汗在番之南面不遠，當然也有可能一度為楚兼併，但自吳「取番」後，吳必乘楚大敗退之機，盡占江南之楚地，贛西北甚至包括贛中部分地區也可能就在這時一度被吳所占，顧棟高《春秋列國地形犬牙相錯表》中引《皇輿表》和《通考》中指出的清江、高安、新幹等均為吳地，似該指這個時候的事，至於這時古餘汗縣境的贛東北地區則更應屬吳的管轄範圍了。

　　自吳「取番」之後，僅僅三十來年，到西元前四七三年，越國就把吳滅了，越滅吳後，盡取吳地，越可能乘機佔領過贛西北甚至贛中部分地區，但同樣時間可能不會太長，因楚乘吳越激烈爭戰之隙，複又強盛起來，逐漸收復了過去被吳奪去的土地，今武寧、新建、上高、高安等地戰國早、中期墓中出土有楚文化遺

第九章・東周時期「吳頭楚尾」的江西（上）

515

物就是有力證據。[32]

　　贛東北地區，自越滅吳到楚滅越，始終為越之屬地，這為一般史籍和志書所公認，正因地屬越地，所以這一帶有關越國的傳說也較多，如信江流經弋陽縣城南至河㳛三十五里入貴溪縣界的地方，相傳越國著名冶鑄工匠歐冶子就曾「居側，以此水淬劍」[33]，這雖是傳說，但聯繫到戰國初期的形勢，也不能說沒有一點兒史影。

　　自越滅吳後，本來就同屬一個「百越」系統的「於越」和「幹越」，現在則更加速了它們之間的融合過程，如果說春秋時期，吳、越兩國之間的文化特徵基本相同，但尚有一定差異的話，到戰國以後，這種差異已逐漸消失，幾乎變得完全一致了，這樣，我們就不難理解，為什麼龍虎山懸棺葬和紹興鳳凰山木槨墓[34]之所以在棺木形制以及隨葬器物的組合、造型等各方面竟都表現出如此驚人的相似。

三　楚人與徐人

　　東周時期，贛境地區的民族分布主要是百越民族，大體贛江以西即贛西、贛西北和今之鄱陽湖以西的贛北地區為揚越；贛東

32　參見石凡《江西出土部分楚文物介紹》，《江西歷史文物》一九八五年第二期。

33　參見《弋陽縣誌》卷一，同治十年刊本。

34　參見紹興縣文物管理委員會《紹興鳳凰山木槨墓》，《考古》一九七六年第六期。

北、贛東和部分贛南地區則為幹越或於越。春秋中期以後，隨著楚的勢力不斷東擴，特別是戰國以降，隨著越滅吳，繼而楚滅越

圖6　徐器爐盤及銘文拓本

後，江西全境更全為楚國所控制，在這一爭戰和東擴過程中，自然有一部分楚人相繼進入贛境各地，他們在各地建立起統治據點，也帶來西楚民族的一些先進文化因素，與當地古越民族相互交流、融合，共同推進東周時期江西地區經濟文化的發展。

郭沫若早年根據清光緒十四年（1888年）江西高安曾出土徐儀楚耑、徐王義楚觶、徐王耑等十二件徐國銅器，因而推論徐人是在周人壓迫情況下，逐漸移入贛省西北部的。不僅如此，他還據江浙出土有帶銘文的姑馮、其和徐醽尹三件徐器進而推定：「……又徐人乃由山東、江蘇、安徽接境處被周人壓迫而南下，且入於江西北部者，則春秋初年之江浙殆猶徐土者，亦未可知也。」[35]贛西北甚至江浙地區

35　郭沫若：《殷周青銅器銘文研究》，人民出版社，一九五九年版。

徐國銅器的出土，是不是就如郭氏所推定的春秋時期這些地區已經一度是徐土的範圍呢？這一直是歷史、考古學者所深為關注的問題。一九七九年，江西西北部的靖安又出土三件徐器[36]，即「徐義楚盥盤」、「徐令尹者旨荊爐盤」[37]（圖6）和炭箕，這無疑又為探討古徐國的歷史增添了新的、有意義的實物資料。為此，有的學者認為這進一步證實了郭沫若先生的推論，並進而推定「至少可以這樣說，徐人入贛大概是在『徐人取舒』之後。」贛西北地方兩次出土徐器，這的確是很可注意的事實，但還不足以證明贛西北就已是徐人的勢力範圍。

徐，嬴姓，商民族的嫡系，是東夷集團中的大國，其早年政治統治中心是在淮北泗縣一帶。春秋前期，徐人的國力依然頗強，所以到前七世紀中葉時，就基本把淮南的群舒統一起來，即所謂「徐人取舒」（《春秋經》）。從有關文獻記載來看，當時的徐國並沒有乘勝揮兵南下進入贛境或江浙，相反，「徐人取舒」標誌徐國之國威已達其高峰，此後，就開始逐漸跌落下來了。整個西元前六世紀，江淮一帶的爭戰，主要角色是楚與吳，輾轉拉鋸，非常激烈，而這時的徐國已是個區區小國，雖然也曾參與了

36　參見《江西靖安出土春秋徐國銅器》，《文物》一九八〇年第八期。

37　該爐盤的內底銘文共十八字：「疾君之孫徐令尹者旨荊擇其吉金自作盧（爐）盤。」第一個「疾」字，《簡報》認為是「雁」，即偃王之偃，筆者考為「疾」，見《徐令尹者旨荊爐盤考》，《江西先秦考古》，江西高校出版社一九九二年版。香港中文大學王人聰也隸定為「疾」。李學勤釋為「拖」（應），見《從新出土青銅器看長江下游文化的發展》，《文物》一九八〇年第八期。

伐吳的諸侯聯軍，但遠非昔日的徐國。這時，它要作為一支獨立的政治、軍事力量南下入贛更是不可能了。

既然徐人的勢力不可能到達江西，那為什麼贛西北竟兩次出土徐器呢？我們知道，徐、楚同為商殷直系，關係一直很密切，雖有過戰爭，也有過親善，很長時期徐是楚的屬國或盟國。西元前五一三年，吳大興討伐滅徐時，楚還派出左司馬沈尹戌「帥師救徐，弗及，遂城夷，使徐子處之。」救徐不及，只好把徐子章羽安頓在楚邑（今安徽亳縣境）。因此，這些徐國銅器有可能是作為戰利品或者饋贈品而帶入楚境的，這是一種可能。此外，有個很可注意的情況，就是贛西北出土的兩批徐器中，每批銅器都非一個徐王時代的。以清代高安出土的十二件徐器為例[38]，除有「徐王儀楚耑」、「義楚觶」外，還有「徐王又觶」[39]；第二次靖安出土的三件徐器，同樣是「疾君之孫徐令尹者旨荊」和「徐王義楚」兩個時代的。這就告示我們，更大可能是當楚最後把徐完全吞併後，曾把徐的王侯子孫遣散到楚境各地，以防變異[40]。也許就有這麼一個徐君的貴族後裔，滿載著徐國先君的青銅禮器而被安置在一直屬南楚之地的贛西北地帶。「國破家亡，寶器分

38　郭沫若：《兩周金文辭大系圖錄考釋》（八）。

39　「徐王東又」，陳直釋為「徐王」見《讀金日紮》（選錄），參見《社會科學戰線》一九八〇年第一期。李學勤釋為「徐王牙又」，見《從新出土青銅器看長江下游文化的發展》，參見《文物》一九八〇年第八期。

40　參見彭適凡《「徐令尹者旨荊爐盤」考》，載《江西先秦考古》，江西高校出版社，一九九二年版，第 257-267 頁。

散，便是一度稱雄江淮的徐國的最後結局。」[41]所以說，不僅贛省地區出土徐器可以理解，就是在古屬吳、越的江、浙一帶出土一些徐器同樣可以理解。

東周時期，是一個列國紛爭異常激烈的年代，但同時又是一個以華夏民族為核心的各民族的大融合時期。贛境地區的主體居民雖然以古越民族為主，但也不斷有中原華夏民族以及楚民族等的遷入，他們帶來中原華夏民族的先進文化與禮樂制度，並與古越居民交流、融合，在經濟、文化上逐漸走上一條共同發展的道路。到了戰國末期，秦始皇統一中國後，贛境地區的古越民族除極少部分後來演變為兩漢、三國時期的所謂「山越」外，絕大部分都相繼融合到華夏民族的大文化圈中，成了華夏漢民族的一個不可分割的組成部分。

41　參見李學勤《從新出土青銅器看長江下游文化的發展》，《文物》一九八〇年第八期。

第十章 ——

東周時期「吳頭楚尾」的江西（下）

　　春秋戰國時期，是社會大變革時期，而變革的動力無疑是科學與技術生產力的發展。恩克思曾經指出：「科學的產生和發展，一開始就是由生產決定的。」[1]而這一時期，生產力發展的重要標誌就是冶鐵技術的發明。江西地區的情況同樣如此。其生產工具的進步和發展，也集中表現在青銅工具的更多使用特別是鐵農具的開始出現。隨著鐵工具的開始使用和牛耕的逐步推廣，加速了江西地區農業、畜牧業和各類手工業等的全面發展，與此同時，作為其上層建築的民族習俗、葬制、宗教信仰與崇拜以及文化藝術、音樂等則強烈地表現出古越民族特徵。

第一節 ▶ 農業

　　贛鄱地區，新中國建立以來，由於文物考古事業的發展，相繼發現了不少屬春秋戰國時期的遺址和墓葬，也出土了一批早期鐵農具和手工工具標本，這些實物資料與考古發現，無疑對我們探索江西地區春秋至戰國時期的歷史文化面貌有著極為重要的意義。

一　鐵農具的使用與推廣

　　據現有的考古資料，我國發現的最早鐵器是春秋中期以後，到戰國時期，則更廣泛地被使用和推廣，贛鄱地區目前發現的最

1　恩格斯：《自然辯證法》，人民出版社一九七一年版，第 162 頁。

早鐵器標本，是屬春秋晚期到戰國早期，主要如：

九江縣沙河街磨盤墩遺址上層，出土鐵器殘片兩件，時代為春秋晚期[2]。

一九五六年上高縣塔下村出土四十四枚鐵鏃，伴出的有三件外撇足銅鼎，鐵鏃全置於一銅鼎內，其形制多為三棱形。從其外撇足的典型越式銅鼎和鐵鏃形制分析，當是春秋晚期到戰國早期遺物[3]。

九江縣沙河街大王嶺遺址出土殘鐵器五件，可辨明的器形有耒，器雖殘損，但仍可看出平面呈凹字形[4]，時代為戰國早期。

武甯縣石門鄉畢家坪戰國墓出土鐵斧一件，長方形，方銎，平刃，銹蝕較重[5]，時代為戰國早期。

這些早期鐵器標本的發現，說明春秋晚期到戰國早期，至少贛江下游一些地區也已開始使用鐵器，只是這時鐵器的數量還很少，器類只有凹字形耒等小型農具和斧、錛一類手工工具。

到戰國中、晚期，如同全國其他地區一樣，贛鄱地區發現的鐵器不僅數量增多，而且分布地域更廣，表明這時的鐵器使用日趨普遍。

2　參見江西省博物館《江西九江縣沙河街遺址發掘簡報》，《考古學集刊》第二輯，一九八二年。

3　參見薛堯《江西出土的幾件青銅器》，《考古》一九六三年第八期。

4　參見《江西九江縣沙河街遺址發掘簡報》，《考古學集刊》第二輯，一九八二年。

5　參見彭適凡《武甯戰國墓葬的清理》，《文物工作資料》（內部）一九七六年第四期。

臨川縣羅家寨遺址出土鐵斧二十件、鐵口鋤四件以及鐵質蹄形鼎腿、鐵釜和鐵劍等殘片[6]。

新幹界埠糧倉遺址的縱溝中出土完整鐵斧二件，[7]經有關專家進行金相檢測結果，還是屬於鍛打「百煉成鋼」的鋼製品。

九江縣馬迴嶺鄉蘑盤山遺址出土鐵斧、鐵鐮各一件以及鐵鋌銅鏃數枚，伴出的還有印紋硬陶罐、高足陶燈和石矛、礪石等，發現時，這批器物被一飾米字紋陶盆所覆蓋[8]。

高安郭家山戰國墓地的三十二號墓，出土一件鐵矛，與泥鏽合，已斷為三節，從截面看，長葉中脊隆起，圓銎，長三十二釐米[9]。

上述出土的這些鐵工具和兵器，雖未經金相學的科學考察，但據有關從事冶金史研究的同志觀察，多數為生鐵鑄造，鍛件較少，尤其是那些斧、臿、鋤、鐮之類。此外，這些鐵工具的形制和中原以及兩湖、江浙等地出土的完全相同，諸如大王嶺遺址出土的鐵臿與河南輝縣固圍村出土的類同[10]；臨州羅家寨遺址出土的

6　參見徐潤科等《臨川縣羅家寨戰國遺址復查》，《文物工作資料》（內部）一九七五年第五期；《江西臨川縣古文化遺址調查簡報》，《江西文物》一九八九年第三期。

7　參見陳文華等《新幹縣發現戰國糧倉遺址》，《文物工作資料》（內部）一九七六年第二期。

8　筆者參加一九八〇年文物普查試點調查得知。

9　參見程應林等《高安縣郭家山墓葬》（待刊稿）。

10　中國社科院考古研究所：《輝縣發掘報告》，科學出版社，一九五六年版。

弧刃鐵口鋤與廣東始興縣白石坪山遺址[11]以及輝縣固圍村出土的凹字形侈口鋤相同；上高塔下村出土的鐵鍬也與輝縣琉璃閣戰國墓出土的銅族相近；臨川羅家寨、新幹界埠糧倉出土的鐵斧與河南輝縣固圍村及湖南長沙楚墓中出土的相一致。這都清楚表明，到戰國中、晚期，南北各地經濟文化水準日趨一致，贛鄱地區也不例外。

就全國範圍目前發現的鐵器標本來看，春秋晚期主要發現於吳、楚兩國即今湖南、江蘇兩省區；戰國早期則逐漸擴展到趙、燕、韓、洛邑等地；到戰國中、晚期，全國各地較為廣泛使用，而南方的楚國則是當時冶鐵術最為發達的地區之一[12]。聯繫到江西境內至今發現的一些早期鐵器標本，諸如贛江下游的九江、贛酉北的武寧等地，在春秋晚期，恰恰都屬「南楚」之地，至於新幹、南昌、臨川等地發現的鐵器標本，時代已為戰國中、晚期之後，這些地區當時也已屬楚的範圍，所以，即或從江西境內已發現的早期鐵器標本來看，也可證明春秋戰國時期，楚國確已具有較發達的冶鐵技術。

在中原地區，伴隨鐵農具的出現，使用牛（或馬）犁耕得以更快推廣。《國語・晉語九》曾載：「夫範中行氏不恤庶難，欲

---

11 參見莫稚《廣東始興白石坪山戰國遺址》，《考古》一九六三年第四期。

12 參見黃展嶽：《關於中國開始冶鐵和使用鐵器的問題》，《文物》一九七六年第八期；何堂坤：《關於春秋戰國時期的鋼鐵冶金技術》，《科技史文集》第九輯，一九八二年。

擅晉國，令其子孫將耕於齊。宗廟之犧，為畎畝之勤，人之化也，何日之有？」到了戰國中、晚期，這種犁耕更得到加速發展，河北輝縣固圍村二號墓等地出土的鐵口犁就是確鑿的文物證據。贛江下游地區，這一時期雖然目前尚未發現鐵口犁之類的鐵農具，但從新幹商代大墓中出土有青銅犁鏵來看，至戰國中、晚期，贛境地區已能製造鐵犁鏵應是無可置疑的。

由於鐵農具的使用以及牛耕的推廣，大大促進了農業生產的提高，主要表現在這時的墾地面積進一步擴大，深耕細作，水利灌溉更大規模的發展以及中耕技術的出現等等方面，其中很重要因素就是新出現的鐵钁、鐵臿等鐵農具，比之原來的銅钁、銅臿以及耒、耜大大提高了開墾荒地和翻土耕作的工效，使深耕細作有了技術上的保證。農業技術的提高，促進了農業經濟的發展，以至贛境地區成了南方吳、楚等國重要的糧食產區。恩格斯說：「鐵器使廣大面積的田野耕作，開墾廣大的森林地域成為可能，它給了手工業者以堅牢而銳利的器具，不論任何石頭或當時所知道的任何金屬沒有一種能與之相抗。」[13]

隨著耕地面積的擴大，農業生產的發展以及糧食產量的提高，牲畜的飼養尤其是家豬的飼養較為發達。臨川縣螢門里（又稱河西二號遺址）戰國遺址出土的一件陶豬[14]，體長十一點三釐

13　恩格斯：《家庭、私有制和國家的起源》，《馬克思恩格斯選集》，第四卷，人民出版社一九七六年版，第 149 頁。

14　參見臨川縣文管所《江西臨川縣古文化遺址調查簡報》，《江西文物》一九八九年第三期。

米、高六點五釐米（圖
1），粗腿肥胖，鼻子微
翹，雙耳豎起，形態生動
逼真，通身刻劃有流暢的
曲折勾連紋，猶如印紋硬
陶器上的紋飾一樣。又如
在樟樹觀上牛頭山戰國中
期墓葬中[15]，出土一件銅質

圖 1　陶豬（臨川營門里）

的牛首形器耳，鑄工精細，形象生動，這不僅證明當時養牛業已
有一定發展，而且為探討贛江流域牛耕的廣為推行提供了有力證
據。牛首形裝飾遠在新幹大洋洲商代青銅器上就多有出現，湖口
下石鐘山西周遺址也曾出土陶牛藝術品，到春秋戰國時期，牛這
種動物與人們的關係應更為密切，也自然更成為人們喜愛和崇敬
的對象。

　　東周時期贛鄱地區的古代居民，不僅有著發達的稻作文化，
還能種植多種經濟作物，如麻、苧麻和蠶桑等。贛東北龍虎山懸
棺葬發掘的一個重要收穫，就是發現了一批精美的紡織品和成套
的紡織工具[16]。出土的紡織品，經上海紡織科學研究院鑒定，分
別為麻布、苧麻布和絹以及印花織物數類。這些紡織品和紡織工
具的發現，從一個側面再現了贛境地區古越人的男耕女織的生活

15　參見《江西清江戰國墓清理簡報》，《考古》一九七七年第五期。
16　參見《江西貴溪崖墓發掘簡報》，《文物》一九八〇年第十一期。

情景。

正由於鐵器的出現和較普遍地推廣，推動了整個社會生產力的提高和發展，伴之而來的是社會的進步。贛境地區首先是贛江下、中游地區，也同中原一樣，逐漸由奴隸社會過渡到封建社會。正如馬克思所說：「劃分經濟時期的事情，不是生產了什麼，而是怎樣生產，用什麼勞動手段生產。勞動手段不僅是人類勞動力發展的分度尺，而且也是勞動所在的社會關係的指示器。」[17]所以說，鐵器的出現，不僅標誌著社會生產力已發展到一個新階段，而且還表明整個社會的階級關係也進入一個新的歷史時期。

二 糧庫的出現

新幹縣界埠戰國糧倉遺址是一九七五年發現的。遺址位於贛江西岸袁家村的山丘上。

一九七六年初，考古工作者對糧食倉庫遺址進行了試掘，初步查明了其中兩座大型糧倉的結構和規模[18]。糧倉平面呈長方形，長六十一點五米，寬十一米，坐東朝西。從大量的瓦片和柱洞判斷，是一座土木結構的房子，屋頂鋪繩紋板瓦。倉內地面挖了四條平行的縱溝，寬深約〇點五米，長六十一米，各溝相距一

---

17 馬克思：《資本論》，《馬克思因格斯全集》，第二十三卷，人民出版社 一九六五年版，第 174 頁。
18 參見陳文華、胡義慈《新幹縣發現戰國糧倉遺址》，《文物工作資料》（內部）一九七六年第二期。

點四米左右，兩把完整的鐵斧就出於縱溝中。在五條縱溝之間又挖了很多小橫溝，寬、深〇點二米，長一點四米，橫溝間距一米左右。糧倉地面縱橫開溝的目的，顯然是為了加強室內地下空氣的流通，防止稻穀受潮發黴變質，很符合科學原理，這是兩千三四百年前贛地民族在保管貯藏糧食方面的一項重要創造發明。倉內到處堆積被燒成炭末的米粒，其堆積厚度為〇點三米到一點二米不等，其中有一部分保存較完整的顆粒，經農學家鑒定，都系粳米。

這座糧庫早在四、五百年前就曾引起人們注意。《新幹縣誌》卷二記載：「監軍廟在治西，祀楊行密，……廟傍土壘周遭，相傳逐盜時所築。天雨輒淘出廩米、箭鏃，米可愈痢，明饒逢恩有監軍廟記。」現據探掘得知，未見有任何唐末五代時期的遺物，因此，縣誌所載，糧倉為五代楊行密所築僅是傳說而已。根據糧倉及附近出土的繩紋板瓦、變形雲紋圓瓦當、鐵斧以及大量的飾有方格紋、米字紋、蕉葉紋和方格十字交叉紋等印紋硬陶片來看，都應是戰國時期的遺物，縱溝中出土的兩把長方梯形鐵斧，方銎，平刃，其形制和廣東始興白石坪戰國遺址出土的鐵斧[19]以及河南輝縣固圍村二號墓出土的鐵斧、钁頭十分相似，因此，糧倉遺址的時代約當戰國中期或稍晚。

像新幹這樣早期糧庫儲藏遺址的發現，不僅在贛省是首次，

19　參見莫稚《廣東始興白石坪山戰國遺址》，《考古》一九六三年第四期。

就是在全國來說，也是不多見的，它足以說明，戰國中、晚期以後，隨著鐵農具的廣泛使用，贛江流域，特別是中、下游地區的以水稻種植業為主體的農業生產得以迅速發展，糧食的增多有必要建置較大規模的糧庫，同時，大量粳米如此集中存儲於倉庫之內，且庫址又緊臨贛江之濱，這就使人有理由推測，這一糧庫遺址，似不太可能是個體小農經濟或單個封建地主的私人糧庫，而應該是封建政權在這裡設置的屬國家性質的糧庫，它將從附近農民手中搜括來的糧食集儲於此，然後通過贛江順流而下，轉運到政治中心去。這些糧食當是屬於商品糧的範疇。

第二節 ▶ 手工業

東周時期，贛境地區的手工業生產，在商、西周時期基礎上有進一步發展，並取得了諸多方面的傑出成就。這裡，主要介紹青銅冶鑄業、紡織業、竹木製造業和陶器、原始瓷器燒造業等。

一 青銅冶鑄業

東周時期，贛境地區的青銅冶鑄工藝得到進一步發展和提高，愈益表現出與中原青銅鑄造工藝的一致性。

1.採礦技術

據前面第六章所述，贛北的瑞昌銅嶺礦冶遺址從商代前期開始就已開採，是至今國內發現的最早的一處採銅礦山，而且其採冶水準處於全國領先地位。從多次的考古發掘資料看，該礦山始採於商代，歷經西周，一直延續到春秋戰國，前後開採近一三

〇〇餘年。

春秋戰國時期的採礦方法，以坑採為主，露採為輔，有的在露採坑的底部繼續下掘豎井，還有的挖掘更深、更寬大的槽坑。坑採的方法，如同商、西周時期一樣，仍是採用井巷聯合開拓法。但這時不僅有底部平巷，而且還出現了中段平巷，即豎井開挖到一定深度後，若碰到有富礦，則從中段轉入平巷，待中段平巷採掘完後，繼續下挖豎井，再轉入底部平巷。木支護工藝仍沿用早期傳統支撐方法，無論豎井或平巷均用碗口接框架，所不同的

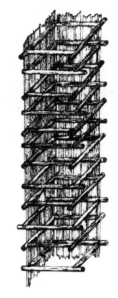

圖2　交替異向撐式豎井結構示意圖

是豎井的內撐方向由早期的同向撐，改為交替異向撐，即所謂交替碗口接內撐式支護豎井（圖2）。平巷支護結

圖3　巷道支架示意圖

構基本上與早期的碗口接架廂式相同，所不同的是巷道頂繃及兩幫均用木板封閉，普遍都有地樑，增大了抗壓強度和採礦安往係數（圖3）。這時的提升工具比之商、西周更為齊備，不但有用於礦井提升的木滑輪，還有用於巷道運輸的木滑車，特別多用於巷道的轉彎處，以改變牽引繩的方向。這件木滑車，係用整木刳

成，雖已殘半，但能復原全貌。輪面橫長二十一點六釐米、高十六點八釐米，中心軸中空處大小不一，一側徑八點四釐米，另一側經六點五釐米，中央經六點三釐米。中空處一端大，一端小，中束腰形。從側面外形看似今日之齒輪，從復原來看，輪軸面有十八道齒葉，每道上部相距三點三釐米，下部倒三角相連，齒高三點六釐米。輪軸一側磨接痕明顯，擦痕呈數道重圈紋，中心軸處擦痕也明顯（圖4）。

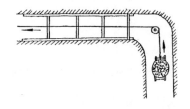

圖4　齒狀木滑車及其巷道內使用示意圖（春秋）

由於提升工具和木支護工藝的改進，加上採礦經驗的長期積累，東周時期的採挖深度比前大大延長，採礦量也大為增多。這一點從試掘的冶煉區主要分布點鄒家、戴家銅石坡等地殘留著大量煉渣可以得到佐證。

2. 青銅鑄造

東周時期，隨著中原與江南經濟文化交流的日趨頻繁，在青銅器特徵上也表現出與中原的一致性。這一歷史時期，由於贛境地區分屬楚、吳、越管轄，故從出土的青銅器來看，也大體分屬兩類：

第一類，楚式青銅器。如萍鄉蘆溪出土的一件銅鼎，子母口，但缺蓋，腹深，雙附耳，馬蹄足，器腹滿飾蟠虺紋，是典型

楚式鼎。

　　第二類，吳、越式青銅器。如樟樹臨江鎮出土的一件銅盥盤，直口，寬平沿，平底帶三乳釘小足，雙銜環獸面耳。器身外壁滿飾規整花紋，上部為陰刻纖細的雲雷紋，腹部主題紋飾為細密的蟠虺紋，近底部為三層重疊的三角形垂葉紋。其形制和龍虎山懸棺葬中出土的仿銅泥灰陶盥盤以及廣東羅定一號墓出土的蟠虺紋銅盥盤[20]相同，聯繫到清乾隆年間臨江出土春秋中期的吳國「工王」鐘十一件，據此，今臨江出土的蟠虺紋盥盤，也應是春秋中、晚期器。又如樟樹觀上郭堆塆春秋墓[21]出土的二件銅鼎，均豎耳，三獸足，敞口，圓底，腹補飾凸弦紋兩道，其間為蟠虺紋帶。再如樟樹農校出土的一件銅鼎，體為扁圓，豎方耳，平底，足細長外撇，斷面呈半圓形。此類鼎在江蘇六合縣和仁、程橋東周墓中[22]都有發現。

　　當然，在上述兩類青銅器中，更大量出土的是兵器，如劍、戈、矛（鐓）、鏃、匕首等。尤以青銅劍最多，鑄造也最精。眾所周知，吳、越人的鑄劍技術可以說達到了爐火純青的程度。《戰國策・趙策》在評價吳越之劍時說：「夫吳幹（越）之劍，肉試則斷牛馬，金試則截盤匜。」《莊子・刻意》也載：「夫有

20　參見《羅定縣發現一批珍貴的戰國青銅器》，《南方日報》一九七七年十二月二十五日。
21　參見樟樹市博物館《江西樟樹觀上春秋墓》，《南方文物》一九九七年第二期。
22　參見吳山菁《江蘇六合縣和仁東周墓》，《考古》一九七七年第五期；《江蘇六合程橋東周墓》，《考古》一九六五年第三期。

幹（吳）越之劍者，柙而藏之，不敢用也，寶之至也。」吳越還出現了一些傑出的鑄劍名師如干將、莫邪夫婦及歐冶子等，他們鑄造的各種名劍，就受到當時人的倍加讚譽。如《荀子・性惡》載：「桓公之蔥，太公之闕，文王之錄，莊公之曶，闔閭之干將、莫邪、巨闕、辟閭，此皆古之良劍也。」當時著名的相劍家薛燭稱讚歐冶子鑄造的「魚腸」、「巨闕」等名劍時說「觀其鋹，爛如列星之行；觀其光，渾渾如水之溢於塘。」因此，「雖複傾城量金，珠玉竭河，猶不能得」越王之劍[23]。贛境地區雖非吳、越的中心腹地，沒有出土像湖北江陵望山、藤店等地出土的那樣極為精美絕倫的越王勾踐劍、越王州句劍等，但從現已出土的部分青銅劍（圖 5）來看，有的劍格上鑄有雲雷紋或鑲嵌有綠松石，有的在凸箍表面佈滿棘刺紋，更有的在臘部也鑄有暗格紋等等，這些都從一個側面證明了吳越民族青鑄造特別是青銅劍的鑄造技術水準已達到高峰。

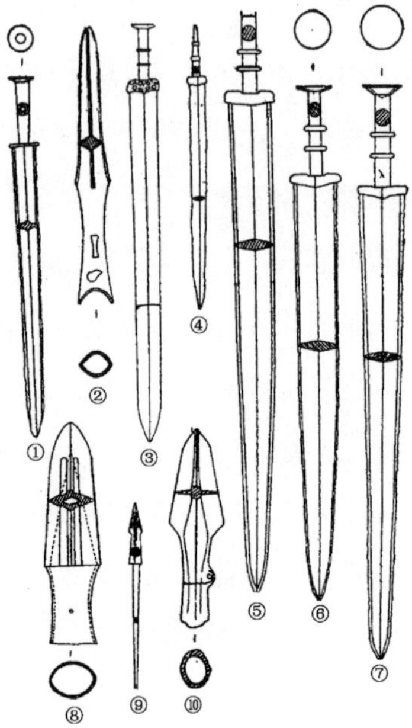

圖 5　東周銅兵器舉例
①③④⑤⑥⑦　②⑧⑩矛　⑨鐵

23　袁康：《越絕書》卷十一。

東周時期，贛境地區青銅鑄造方面，還有如下幾個方面值得特別提出：

第一、據《考工記》的記載，古代中原地區華夏民族能依照青銅器的不同功能配備不同的合金比例，即「金有六齊，六分其金而錫居一，謂之鐘鼎之齊；五分其金而錫居一，謂之斧斤之齊；四分其金而錫居一，謂之戈之齊；三分其金而錫居一，謂之大刃之齊；五分其金而錫居二，謂之削殺矢之齊；金錫半謂之鑒燧之齊。」我們曾將江西出土的部分春秋、戰國的青銅器標本請有關部門對其合金成分進行測試，結果發現，這時的不少青銅器已開始出現了接近中原「六齊」合金規範的趨勢，即不僅較廣泛推行了合金的應用，而且一般能對合金成分進行科學的配製。如樟樹出土的一件銅鼎，其鼎腿含銅百分之六十三點三七，含錫百分之十六點九三，其鼎腹含銅百分之六十點九一，含錫百分之十六點〇一，說明其合金成分特別是錫的含量與「六齊」中的「鐘鼎之齊」基本相符。

第二、春秋戰國時期，出現一鐘劍的脊部和兩側刃部分鑄結合的所謂複合劍，因合金成份不同故呈色也有別，所以又稱雙色劍。歷年來，贛境地區的南昌、樟樹、九江等地屢有複合劍的出土，如樟樹農校出土銅劍和銅鼎各一件，銅劍通長七十二釐米，莖長十釐米，劍身有脊，脊部與刃部異色，圓首，圓莖雙箍，寬格，上飾獸面紋。又如九江縣大王嶺遺址出土一件青銅劍，殘長五十九釐米，劍身中部起脊，脊、刃部異色，扁圓形實莖，上有雙箍，窄格，首殘。據華覺明等學者對南方七件複合劍的檢測分析結果，表明複合劍的脊部和刃部的合金成份明顯有異，即「刃

部含錫量要比脊部分別高出五點四八到十一點四四個百分點；而脊部銅、鉛含量和銅、鉛合量則比刃部要分別高出一點二二至七點九、一點八八至九點九和五點四八至十三點六二個百分點」[24]，也就是說，刃部是由典型高錫青銅鑄成，而脊部則屬鉛錫青銅鑄成，這種不同的合金材質，使劍體外銳內韌，剛柔兼備，再次體現了中國古代因需施材，材盡其用的技術思想。而脊和刃的雙色正是由於材質成份的差異而引起的。

考察還得知，劍脊和格、莖、首都是一起鑄就的，劍的兩刃及鋒刃則由另一次澆鑄成形。具體程式應是先鑄劍脊，再鑄劍刃。正因為劍脊先鑄，二次澆注前所必經的鑄範預熱及澆注時金屬液的加熱作用，使得脊部特別是被刃部包裹的樺端的金屬組織長大變粗。劍刃後鑄，被先鑄的劍脊所激冷，使劍刃特別是緊包著樺端的卯部組織細化。同時，刃部凝固收縮對劍脊產生的緊固作用，也有助於刃和脊的聯結。[25]經檢測，南昌所出複合劍的脊部硬度只有 33.5HRB，而刃部則為 84HRB，兩者的硬度明顯不同，除刃部含錫量高於脊部外，可能和鑄後加工硬化有關，目的都是為使刀刃堅固鋒利。

從目前發現的資料來看，包括北京、上海、湖北、山西、廣西、江蘇、浙江、安徽和湖南等省市都有複合劍的發現，但以南

24　參見彭適凡、華覺明、王玉柱《江西出土的青銅複合劍及其檢測研究》，《中原文物》一九九四年第三期。

25　參見何堂坤：《我國古代金屬鋒刃器的幾種複合材料技術》，第一屆中國古代技術史學術討論會論文，一九八三年。

方地區出土較多，看來這種複合劍應屬於南方青銅文化系統，而且很可能最先是由吳越地區所創鑄，江西地區出土複合劍較多也是一個有力佐證。

第三，春秋戰國時期，贛境地區較普遍地以陶範作鑄型，石範僅是偶爾用來鑄造工具或武器，如萍鄉出土的刮刀石範。到戰國時期，隨著中原鑄造技術的發展，江西地區的鑄銅工藝水準也得到相應的提高。這時在鑄造方法上，除繼續採用和發展渾鑄鑄接法之外，也較普遍實行分鑄焊接法。其他諸如青銅器上「鑲嵌紅銅」、「錯金銀」等新興工藝也已出現，這些都反映出此一時期贛江流域生產力的發展和南北經濟文化的進一步融合。

3. 鑄鐵技術

我們知道，戰國中、晚期，中國冶鐵技術得到了重大發展，這突出表現在發明了鑄鐵技術，而這種技術在歐洲是直到十四世紀才開始的。證明這一時期中國已掌握了鑄鐵技術的材料很多，如長沙識字嶺三一四號墓出土了鐵口鋤、洛陽水泥製品廠工地出土了鐵鏟以及河南新鄭鄭韓故城倉城村發現了钁、鎛（空首布式）、刀等泥質內外範。泥範是鑄器的模子，它們無疑是供鑄鐵器用的。又如河北興隆發現一批鐵質鑄範[26]，這是目前中國出土最早的一批鐵範，反映出當時冶鐵術已發展到很高的水準。

地下考古材料又證明，贛鄱地區，到戰國中、後期，冶鐵技

26　參見《熱河興隆發現的戰國生產工具鑄範》，《考古通訊》一九五六年第一期。

術水準也已發展到鑄鐵階段。清江觀上戰國墓出土的一件銅鼎，其三蹄形足系鐵質，這是鑄鐵技術的明證，因它是通過澆鑄法而製成的，特別是一九七六年新建縣大塘赤岸山戰國遺址出土有一扇鐵質斧範，更是鑄鐵技術產生的有力證據。這件鐵範，背面帶環鈕，便於握持，長十二點三釐米，上端寬十二點六釐米、下端寬十二點三釐米。據有關專家觀察後認為，結構比較緊密，胎壁厚度較為均勻，範上設有環鈕作把手，基術符合於均勻散熱和抵抗冷熱變形的強度要求。鐵範本身是在高溫下用鐵水澆出的，它自身就是個鑄件，而且又是製造鐵器的模具。鐵範的出現顯然是為了滿足社會對鐵器的不斷增長的需要而產生的。用金屬範來製造鐵器，其優點是經久耐用，可以連續使用數十次乃至數百次不等，從而大大提高了成型效率，同時可使鑄件形狀穩定，易於得到定型的規格產品；此外，鐵範冷卻速度快，易於得到白口鐵組織，便於柔化處理。

以上這些都充分說明，春秋戰國時期的江西地區，不僅青銅採冶和鑄造技術已達到全國先進水準，有的甚至還處於全國領先地位，而且冶鑄鐵的技術也進入全國先進行列，這是贛境古代民族對中華科學技術的又一卓越貢獻。

二　紡織業

贛境地區古代先民的紡織業淵源甚古，遠在一萬多年前的萬年仙人洞、吊桶環的原始先民就懂得用骨針縫製獸皮、樹皮遮體避寒；到五、六千年前的新石器時代晚期遺址中，已普遍發現簡單的工具陶紡輪用來撚紗，從而真正揭開了贛境古代先民紡織生

產的序幕；到三千多年前的商代吳城方國時期，麻織業、蠶絲業都有相當發展，如在新幹商代大墓中就發現有不少青銅器是用蠶絲平紋絹和麻之類織物包裹著，到東周時期，其養蠶、繅絲和織綢技術等更得到快速發展，尤其在贛東北的幹越民族地區。龍虎山懸棺葬中出土的紡織品和紡織器材就是最具體最集中的反映。

1. 紡織原料

春秋戰國時期，贛境地區越人的紡織品原材料明顯比以前增多，主要有以下幾種：

第一、蠶絲，是主要紡織原料之一。吳越地區的越人蠶桑業尤為發達，任昉《述異記》載：「勾踐得範蠡之謀，乃示民以耕桑。」在龍虎山懸棺葬發掘的墓葬中，兒乎在已發現的屍骨上，都見有破損程度不一的絹質衣服片，說明死後都是穿上這種絹質喪服入殮的。經上海紡織科學研究專家鑒定都是家蠶絲[27]。

第二、苧、麻。古代的東南地區，天氣溫熱，雨量充沛，宜於麻、苧、桑、棉的生長。《唐六典》記載唐代時的泉州、建州、閩州、洪州、饒州、江州、袁州都是出產苧、麻的在龍著名產地。這雖是唐時的情況，但也說明其苧、麻種植歷史由來已久。虎山懸棺葬發現的大麻布和土黃苧麻布，經有關專家鑒定就是當時江西盛產的大麻和苧麻。苧是一種亞灌木植物，纖維細長堅韌，平滑而有絲光，質輕拉力強，吸濕、散熱比其他纖維都

27　參見江西省博物館等《江西貴溪崖墓發掘簡報》，《文物》一九八〇年第十一期。

好，染色易腿色難，織之夏布潔白清爽，清涼離汗，其品質在麻類中應是最好的。麻又稱大麻，是一年生草本植物，對土壤和氣候的適應性很強，種植和加工都較簡便，故產量也高。

第三、葛。是東周時各地越人常用的紡織原料之一。《尚書禹貢》載：「揚州之貢，烏夷卉服，厥篚織貝⋯⋯」顏師古注：「卉服，絺葛之屬。」《淮南子原道訓》載：「幹越生葛絺」。《說文》析葛：「絺紵草也。」即粗葛稱紵，細葛稱絺，一股葛絺連稱。葛為蔓生植物，纖維比麻纖維細長，能織成較細薄的織物，吸濕、散熱與苧麻同，也有去汗離體之功效，故自然成為古越人常用紡織原料。

第四、木棉。木棉即棉花，為錦葵科一年生草木（簡稱草棉）或多年生灌木（簡稱木棉）。棉花在古代稱作吉貝或白疊。長期以來，農史學界都認為棉花是從國外引進來的，直到一九七八年福建崇安武夷山船棺中出土一塊青灰色棉布[28]後才終於解開這一歷史之迷。該船棺的年代，據有關碳十四測年資料分別為三六二〇加減一三〇年、三四四五加減一五〇年和四一九八年。[29]但從崇安武夷山和龍虎山兩地懸棺葬的葬制、葬俗特別是出土遺物所反映出的社會生產力水準看，崇安懸棺葬的年代可能要比龍

28　參見高漢玉：《崇安武夷山船棺出土的紡織品》，《福建文博》一九八〇年第二期。

29　參見福建省博物館等《福建崇安武夷山白岩崖洞墓清理簡報》、《關於武夷山船棺葬的調查和初步研究》，均載《文物》一九八〇年第六期；

虎山的要早，卻又不可能相距太遠，不可能像測試的那樣到商代，大體可早到西周中、晚期前後。[30]據有關專家的檢測，該塊灰棉布織物組織是平紋，經緯紗投影寬度均為〇點五毫米，經緯向密度為十四根/釐米。經紗拈度為六十七拈/十釐米，緯紗拈度為五十三拈/十釐米，經緯紗的拈向均為 S 拈。從這些參數來看，其織造技術顯然都較原始，但它是目前中國年代最早的棉布。據此，我們有理由推斷，武夷山地區是棉花原產地之一，也是棉紡織業最早發源地之一。古代南方地區，種植木棉歷史很早。《尚書禹貢》載：「揚州之貢，烏夷卉服，厥篚織貝。」此所謂的貝，就有解釋為吉貝即木棉的，如三國時，東吳人萬震《南州異物志》中載：「五色斑布似絲布，吉貝木所作，此木熟時，狀如鵝毛，中有核，如珠絢，細過絲錦。人將用之，則治出其核，但紡不績，任意小軸牽引，無有斷絕，欲為斑布，則染之五色，織以為布，弱軟厚致。」既然武夷山東南側的崇安地區，早在西周時期就已能栽培木棉並織成棉布，那麼武夷山地區西北側的贛東北地區，雖然龍虎山懸棺葬中至今尚未發現有棉布一類紡織品，但東周時期已能栽培木棉應是無可置疑的。

2. 紡織品種類

由於紡織原料的增多，東周時期贛境地區的紡織品種類也較多樣，從龍虎山懸棺葬出土的資料看，大致有麻布、苧麻布（通

---

30 參見彭適凡、李放《有關贛閩兩省懸棺葬的幾個問題》，《民族研究》第四輯。

稱夏布）、絹、印花織物和麻繩等。

第一、麻布。是用大麻織就的一種較普通布料，歷史上所稱「布衣」，就是指用大麻織成的粗布衣服，只能禦寒，不務其美，為一般平民百姓所穿，它不能登大雅之堂，即所謂「非采列（錦繡的絲綢衣服）不入公門」。實際麻布在古代一般有兩種用途，一是作常服，即「深衣」。《詩・國風・曹・蜉蝣》：「蜉蝣掘閱，麻衣如雪」。鄭玄注：「麻衣深衣，諸侯之朝，朝服朝，夕則深衣也。」二是作喪服。《禮記・閑傳》卷三十七載：「又期而大祥，素縞麻衣」。鄭玄注：「謂之麻者，純用布，無采飾也。」龍虎山懸棺葬中幾乎每座棺木內底均發現有這種粗麻布，用以墊屍。

龍虎山出土的麻布，其顏色有黃褐、深棕和淺棕色三種，雖已嚴重褪色，現有色彩也可能非原先之本色，但它們有深淺不同，應是原本染色的結果。據檢測，這種粗麻布均為平紋組織，但三種顏色的麻布經緯密度不盡相同，那種黃褐色麻布經緯密度每平方釐米經紗十二根，緯紗八根，經紗寬〇點八毫米到一點二毫米，緯紗寬〇點七毫米到一點四毫米；深棕色麻布，每平方釐米經紗八根，緯紗十二到十四根，經紗寬〇點三毫米到〇點五毫米，緯紗寬〇點六毫米到〇點八毫米；淺棕色麻布，每平方釐米經紗十根，緯紗十四根（雙根），經紗寬〇點三毫米到〇點四毫米，緯紗寬〇點四毫米到〇點五毫米。看來黃褐色麻布經紗比緯紗密，而深棕色和淺棕色麻布的緯度又比經度更密。對深棕色麻布的麻纖維切片檢測結果，其截面呈純角多邊形，纖維的中腔較小，未成熟的纖維呈帶狀，說明它是一種普通的布料。

第二、苧麻即夏布。龍虎山懸棺葬中發現的苧麻布，經緯密度每平方釐米的經紗十四根，緯紗十二根，經紗寬○點六釐米至○點八釐米，緯紗寬○點六釐米至○點九釐米。纖維截面呈長橢圓形和腰子形，不規則的多角形截面很多，纖維的中腰大而長，且彎曲，中腔內壁清晰，纖維層的細胞鬆散。顯然，苧麻布的經緯密度要比同批墓中出土的麻布要細密，所以，其品質是麻布類中品質最好的。用它來做衣服，吸溫和散熱都比其他纖維快。當暑天人們熱得汗流浹背時，穿上夏布衣服，汗液散發得快，確有「去汗離休」之功效。

第三、絹。是絲織品的一種。龍虎山懸棺葬發現的絹織物，經有關部門鑒定為家蠶絲。這種絹類為單層平紋織物，多數經緯密度大致相同，也有的經多於緯，但織物組織簡單均等。如二號墓四號棺內的男性完整骨架，除頭、頸外均見有經年久風化的絹片緊貼在屍骨上，絹片多達十餘層。絹片顏色有深黃色和棕色兩種，平紋組織，經緯密度一般是經紗六十根每釐米，緯紗二十六根每釐米，經緯寬度為經線○點一二毫米至○點一五毫米，緯線○點一八毫米至○點二○毫米。顯然，其經緯密度比之苧麻布又更高、更細密，雖在懸崖洞穴中封存了兩千三四百年，出土時這些織物大多尚有彈性，說明這些紡織品質地優良。

第四、印花織物。更有意義的是，龍虎山懸棺中還出土了數塊印有銀白色花紋的深棕色苧麻布，這應是中國目前所見最早的印花織物（圖6）。從印花原料分析，當時使用的是一種礦物質作染料。據《周禮》記載，中國中原地區，早在西周時代就有「染人」、「掌染草」的官職，專管染料和印染等工作，只是，當

圖6　印花織物

時的染織物只能供王侯貴族享用，當然，那時的印染織物也比較少。到春秋戰國時期，龍虎山懸棺葬中印染織物的發現，說明此時的古代幹越人也已掌握了印染技術。其時印花的程式，大致是先將織物經過煮練、染色之後，進行整理熨平，然後鋪在平整略有彈性的墊板上，即可著手印花。這種傳統的印染技藝一直影響到今天居住在西南地區古越民族後裔的一些少數民族。

3. 紡織器材

　　龍虎山懸棺葬中不僅出土了多種紡織品，而且特別有價值的是出土了一批十分珍貴的紡織器材，基本包含了紡織過程中所需要的全套機件，這是研究東周時期織造技術極為重要的實物資

料。這批紡織器材共計三十六件[31]，主要可分為兩大類：

第一類，屬於一般的拈線工具類，包括刮麻具、刮漿板、紡縛、繞線框、繞線板、結紗釘杆、整紗齒耙和理經梳等。

刮麻具，六件。一般長十八點四釐到二十八點四釐米、寬一點六釐米，木質柄，呈弧形，特徵是下端有斜刃，平面一道凹槽，槽內嵌進一鋒利的骨片，以用來將麻的老皮刮取下來，讓其現出麻的又白又長的纖維。

刮漿板，二件。麻布刮下後留有漿汗，這對於分絲有困難，這就需要用刮漿板將粘漿刮淨，刮漿板上端厚，下端薄，體呈凸字形，凸起處是為了便於手握。現長二十五釐米、寬二十釐米。

紡縛，四件。要將麻絲、蠶絲絹等纖維原料織成紡織品，第一步都必須先拈成紗線，這就需要較原始傳統的紡縛。新石器時代以來的遺址中都出土有陶紡

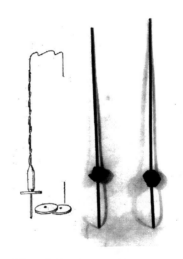

圖7　紡縛及其使用示意圖

31　參見劉詩中、程應林：《江西貴溪崖墓發現一批紡織品和紡織工具》，《中國紡織科學技術史資料》第三輯，北京紡織科學研究所主編，一九八一年；李科友：《貴溪崖墓》，文物出版社一九九〇年；劉詩中：《龍虎山千年懸棺之謎》，香港天馬圖書有限公司，二〇〇三年版，第128-140頁。

輪，但插在紡輪中央孔中的縛杆因係竹木質均已腐朽故至今極少發現。由紡輪和縛杆組合而成的撚線工具稱為紡縛，它是現代紡錠的鼻祖。龍虎山懸棺中出土的四件紡縛（圖7），為細泥質黑衣磨光陶的紡輪，形似算珠形，器形小巧精緻，高一點二釐米到一點五釐米，重量僅五克至六點五克，十號墓出土的兩件紡縛還保留有用細小山竹加工而成的縛杆，長十八點四釐米，縛杆頂端有一小缺口，表面光滑，至今猶有光澤，說明使用時間較長。這種完整紡縛的出土，在中國紡織史上是空前的，可以說它是中國古代拈線工具的代表作。

繞線板，三件。拈好線後，需要用木卷板將線繞上。龍虎山出土的繞線板呈工字形，為一整板加工而成，表面也較光滑平整，這也是經過長期使用的結果。

理經梳，二件。象牙質地。一件把部還刻有雲雷紋。梳長八到九釐米，齒長四到四點五釐米。出土時置於一編結精細的篋盤內，應是用來作為梳理經紗的工具，當然也有可能用來作梳頭髮的梳子。

經軸，一件。木質，系兩用整經工具。軸面兩側各有一橢圓形孔洞，中間為長方形淺槽，現長八十釐米。

結紗釘杆，一件。粗線繞好後，還需一根根掛在結紗釘杆上。龍

圖8　繞線竹框

虎山出土的結紗釘杆最長者二點三五米，杆上密排竹釘，將紗一頭安裝在經軸上，一頭繞在結紗釘杆的竹釘上，然後用理經梳把紗理淨，將多餘的散毛纖維剔去，以保證紗線上機織造的美觀。按最長一根結紗釘杆上的竹釘計算，每次至少可理近百根紗線。

繞線框，一件。紗線理好後，再用繞線框將線回繞。龍虎山十號墓出土的繞線框是用四根小竹做成「╳」形，中間交叉處用竹釘拴住，竹杆兩頭用榫頭嵌入橫竹杆內，框長三十六點七釐米（圖8）。比繞線板體要寬，自然繞的線也更多。值得注意的是，這件繞線框出土時是放置在編結極為精細的一個大竹盤中，竹盤直徑達五十六釐米，顯然這竹盤實際也是紡織的附屬工具，用以盛放繞線框是為了讓紗線保持乾淨，有利於在織機上織布時順暢便捷。

第二類，屬於織機上的構件和織造時使用的必備工具。這些器具包括打緯刀、挑經刀、引緯杆、夾布棍、絞紗棒、經紗導輥、撐杆、滕子、杼、梭、吊綜杆、撐經杆等，上海紡織科學研究所專家認為，這類工具應屬於早期腳踏斜織機的部件。

夾布棍，二副。木質，每副由二根斷面呈半圓形木棍合成，每根棍兩端削成鴨嘴形，兩根合成後兩頭就呈八字形，織布時，上下各一，用以將布夾住，當然兩頭要用繩紮緊，這樣可將織成的布慢慢卷起來。兩幅長短不一，其中一幅長二十三點八釐米，另一幅長六十四點六釐米。夾布棍的長短，實際反映了織成的布的寬度。

吊綜杆，二件。木質，杆中部較高，並有一穿孔以穿繩提起，兩頭稍拱，其中一件現長二十三點八釐米，高二點五釐米

（圖9）。作用是在織布時，經紗通過每根綜，吊綜杆一上一下，使緯紗織進經紗之中。

圖9　吊綜木杆

挑經刀，一件。木質，現長四十三點五釐米。也是整經和織布的兩用工具，在整紗時，用刀清理，使紗一根一根地密而不亂。織布上紗時，紗亂了或斷了，一是接好頭，二是整理好經紗。

絞紗棒，一件。木質，中間部位更細圓，兩端呈錐狀。長八十四釐米。

其他，諸如梭、杼、引緯杆等，均為竹製，都是用來穿緯紗之用，織布時用以引導緯紗與經紗交織的構件。當經紗由吊綜杆提經後，梭、杼和引緯杆就把緯紗穿過去，如此不停地往返，就是織布了。

這批紡織工具的構件，據研究，應屬於斜織機的構件（圖10）。我們知道，中國紡織業的歷史極為悠久，而且是最早發明養蠶，最早發明織造絲絹的民族。遠在新石器時代，原始先民像編籃筐一樣，用葛、藤、麻等韌皮纖維編造織物，後來有了紡縛，葛、麻纖維等的脫膠加工也逐漸完善，這時的先民，設法把一根根紗線依次結在同一根木棍上，另一端也依次結在另一根木

棍上，並把兩根木框固定了的紗繃緊，這樣就可以像編席子或竹筐一樣有序地進行編結了。那繃緊的根根縱向的紗，就叫經紗；橫向編入的紗叫緯紗，當整個經紗組成的經面被緯紗交織以後，織物也就編成了。在這基礎上，後來我們的先民又發明了原始的踞織機，這種早期的踞織機的織布方法，特點是全靠兩手反復交替操作，而且用這種機織布，人只能席地而坐，不僅織工勞累吃力，而且生產效率很低。在雲南省晉甯石寨山出土的一件漢代銅貯貝器上就有這種踞織機織布的基本圖形[32]，這種原始的織布方法，新中國建立前的一些少數民族地區還有的繼續使用。

斜織機是在踞織機的基礎上改革發展而成，因而相對更複雜，也更進步，首先，斜織機的經面與水準的機座成五十度到六十度傾斜角度，人可以坐在斜織機的板架上看到開口後經面是否平整，經線有無斷頭，這比之踞織機坐在地上織布要方便得多；其次，斜織機運用杠杆原理，用兩塊踏腳板分別帶動兩片綜，當間腳踏動踏板時，被踏板牽動的繩索牽拉「馬頭」[33]前俯後仰，從而使得兩片綜上下提取落下，交替升降織布，這比踞織機用手提綜杆省力得多了，它可以讓織工騰出手來做好引緯、打緯的動作，把布織得更快更好。

那麼，在中國古代，什麼時間完成了從原始踞織機的改革過

32　雲南省博物館：《雲南省晉甯石寨山古墓群發掘報告》，文物出版社，一九五九年版。

33　「馬頭」，指提綜的擺動機構，形似馬頭。

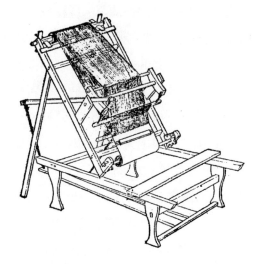

圖10　斜織機復原示意圖

渡到斜織機呢？著名考古學家夏鼐曾根據商代麻、毛、棉特別是絲織品的發達情況推論，商代的絲織品花紋雖簡單，但「已需要十幾個不同的梭口和十幾片綜，這就需要有簡單的提花裝置的機織」。又說「殷代的文綺需要某種提花設備，當時織機已有平放式的或斜放式的。」[34]夏氏的這種推論是完全有可能的，但迄今在商周考古出土品中尚無任何有關斜織機部件的發現，目前發現的有關斜織機的最早資料是山東出土的漢代畫像石的斜織機圖[35]，這使我們能大體瞭解古代斜織機的基本概貌（圖10），但

34　參見夏鼐《我國古代蠶、桑、絲、綢歷史》，《考古》一九七二年第二期。

35　山東省博物館等編：《山東漢畫像石選集》，齊魯書社一九八二年版。

機架內部的構件如何還是模糊不清，因此龍虎山懸棺葬中斜織機構件的出土，正好填補了這方面的空白，如夾布棍，長達六十四點六釐米，實際反映出織物的幅寬，在踞織機上織出的布是較窄的，只有在斜織機上才能織出六十釐米以上的寬幅布的。此外，導經輥、絞紗棒都在七十釐米以上長度，經軸兩側有孔，可以轉動使用，吊綜杆作上下提拉用，撐杆則直立起支撐用，等等。當然這些工具中尚未發現有斜織機的機架，未發現提綜的擺動部件「馬頭」，也未發現斜織機的踏板等，但上述這些紡織器材是斜織機的部件或必備器具卻是無可置疑的，何況，這種機架雖在懸棺墓中未曾發現，但從古文獻的記載中卻可找到一些線索，如《輿地紀勝》卷一二九載：福建仙機岩「在武夷山，中有石室，有機杼存焉。」又如《大明一統志》載：「仙岩，在安仁縣（今余江縣）東南七十里，岩半有穴二十四，人不能到，下有溪流魚舟，人們仰視穴中，各有杵臼、織機、紡車、麻具、水桶、倉板之類。」說明當年隨葬時是有斜織機機架和紡車一類的，只是經兩千餘年風化腐朽不存而已。

　　總之，龍虎山春秋戰國時期懸棺墓中斜織機紡織器材的發現，不僅填補了西漢畫像石上斜織機內部結構的一些空白，而且是至今國內發現的時代最早的有關斜織機的部件，雖然中國斜織機的最早發明有可能要遠早於東周時代，但在未發現商、西周時期的有關斜織機的考古學物證前，它仍然是中國最早發明腳踏織機的實物例證。春秋戰國時期，桑麻種植比以前更廣泛，絲、麻產量也大大增加，對布帛的需求量也增多，因而古老的踞織機較快較廣地被足踏斜織機所取代是必然的，不僅在中原地區，就是

地處江南的幹越民族中也已廣為使用。後來，這種進步的織機通過絲綢之路傳到中亞、西亞和歐洲等地，給世界人類文明作出重要貢獻。歐洲是西元六世紀才開始出現，十三世紀才被廣泛使用。從這意義上說，龍虎山這批紡織器材的發現，特別是足踏斜織機的確認，不僅在中國考古發現中是空前的，在世界紡織考古發現史上也是罕見的。

三　竹、木器製造業

　　贛境地區自古以來就是竹、木業的重要產區，因而竹、木製造業商周以來就較為發達。東周時期，隨著鐵製工具的發明和推廣，竹、木器製造業更得以快速發展，龍虎山懸棺墓中就集中出土了五十九件既精緻且工藝水準又高的竹木製品。

　　龍虎山出土的這批竹木器，如包括紡織器材總數達一五〇餘件，由於不少墓葬多已被盜而翻動，致使不少竹木製品殘腐嚴重，難以計數和命名，想必當年隨葬時總數更為可觀。

1. 竹器

　　均為編織器，十五件。器類有盤、盒、席、管、筒等，如：

　　竹盤，一件。是竹製品中最精美者，出土時，盤中放置著紡織工具。高六釐米、盤徑五十六釐米（圖 11）。盤身分底、中、外三層交織而成，中

圖 11　竹盤

夾層較粗，底、外兩表層則精工細料，用兩種篾絲上下交織，一種是主筋青篾，主筋篾皮寬僅〇點二釐米，薄如紙，另一種是緯篾，又叫青絲篾，細如髮絲，寬僅〇點〇〇一釐米。外層，有主筋青篾二八八根，從中心編起，分五圈向外成放射狀上下交織：中心圈，全以主筋篾織成，內外各十八根；第二圈，外露主筋篾十八根，然後開始在主筋篾止繞以青絲篾；第三、四、五圈全繞以青絲篾，不露主筋篾。盤圈邊為繩索狀，用二根黃篾圈成。底層的主筋篾和青絲篾與外層相同，只是編法上稍有些區別，但也很精細。

竹席，六件。主要是用來墊屍之用，只有一件是用來墊棺的。墊屍的竹席，殘長六十釐米到八十釐米，殘寬三十八釐米到五十三釐米。篾皮削得較細，與竹盤的主筋篾一樣，寬〇點二釐米到〇點四釐米，而且編織出各種如陶瓷器上的幾何形圖案，幾乎可以與現代那些較高水準的篾席相媲美。

竹盒，一件。器體較小帶折肩作風，高約二釐米、徑十三點五釐米。也用主筋篾二十四片和青絲篾兩種篾絲上下交替編成。主筋篾和青絲篾的寬薄度也和竹盤一樣，極為纖細。折肩處用繩索狀圓邊。蓋緊套盒身，製法基本與盒身相同。

2. 木器的製作

木器的製作可分大件器和細木器兩類，大件木器主要是指棺木、墊屍板、地梁和封門板等；細木器主要是日常生活用器、生產工具和樂器等。不論大型或細小木作的材質都係當地所產的樟科閩楠、杉、櫟等等。

大型木器中主要有棺木四十一具，形制多樣，有圓筒形、長

方形、干欄房形、扁圓形諸種，只是至今尚未發現有船形棺[36]。那具房屋形棺乃是群棺中最大者，全長三點九四米、通高一點二二米，棺壁厚八釐米到十六釐米。它是用直徑近一點五米的巨木鋸成兩半而後刳成。先將較矮的上半圓大木料劈鑿成屋頂形棺蓋，使之呈兩面斜坡，中部隆起成屋脊狀，兩端脊角外揚上翹，以示鴟吻，蓋兩側又弧斜向下成短簷。棺身係整木刨空，上寬下窄，上部寬九十五釐米。棺底部有橋形矮足三對，分置於兩端及中部，使棺體不接觸地面，足高八釐米。蓋、身兩側外簷各有圓孔兩對，孔壁光滑。顯然，此種棺是模仿死者生前的干欄式住房而設計的，從棺頭看去，似硬山式木房，從底層懸空，當是南方地區特有的干欄式建築形制。目前，在贛東北和贛西的部分農村，仍保留有這種形狀的棺木，但它是用木料拼合製作的，並非整木刳成，說明這種形制的棺木延續時間相當長。

大件木器中有一種墊屍架，想來是讓死者在棺內躺著更為安穩舒適，故有的製作得特別講究和美觀。如十三號墓的墊屍架（圖 12），架面由六條長二點〇九米、厚〇點〇一米、寬度不一的雕花方條木等距縱向排列而成，兩邊緣花板較寬，為十三釐米，一側刻雲雷紋帶邊，另一側刻繩紋帶邊，其兩端及中間刻雲雷紋，間有細線條紋。中間四條窄板寬為三釐米，紋飾與邊緣花

36　據明徐學謨《遊仙岩記》載：「又有鑿而舟橫者，……其名曰仙船岩。」（清婁近垣纂修《龍虎山志》卷 14），說明早年龍虎山應有船棺，加以福建崇安武夷山白岩也曾發現過船形棺，故此龍虎山地區有船棺是完全可能的。

板相同。板間有帶榫方塊花板相聯，惜大部脫落。架下尚有四根長方形木橫向襯托。這些木板上的花紋雕刻得相當精細，疏密有致，從雲雷紋的轉角處圓滑流暢來看，當是用一種圓鑿雕刻的，線條平而直，所使用的鑿是相當鋒利的。

細作木器主要有奩、盒、案、杯和仿銅的劍、削、鈽、牌、勺等。

奩，一件。婦女用來裝梳妝品的用具。係用整段木料作成。通高十四釐米、口徑二十七釐米。圓形，子母口，蓋面呈圓拱形，中央一鈕孔，鈕不存，孔旁刻凸起弦紋兩周，其內區刻雲雷紋。奩腹壁較薄，外壁刻雲雷紋，腹中部有等距鈕孔三個，鈕也

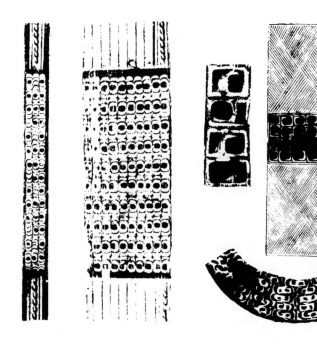

圖12　墊屍雕花架　　　圖13　木盒及其他木器紋樣拓本

失落。平底，下附蹄形矮三足。

盒，五件，有正方形和長方形多種。以十號墓出土的一件長方形盒最為精美，長二十七釐米、寬七點五釐米、通高五釐米（圖13）。該盒係用五塊薄板膠合而成，介面處未發現榫卯，子母口，盒體素面，但烏黑發亮，盒蓋面卻精刻花紋，分三段，中間刻簡體雲雷紋，兩端刻對角斜線紋。線條細密流暢，堪稱木器中佳作。

木劍，二件。形制全為仿青銅劍，二號墓發現的一件，出土時還套於鞘中，鞘保存尚好，其表層還留有黑漆殘片。劍用木條作成，全長四十八釐米，莖長八釐米，體寬四點五釐米。首呈圓餅狀，莖部琢出一木箍，中空作圓筒形，無格，劍身扁薄有脊，橫斷面呈扁棱形，兩側刃呈內弧狀，且線條極為流暢自然，由於製作精細，形態逼真，加以木劍長期插於劍鞘內，故而至今仍完整如新，且顯透亮的黃褐色，一眼看去，猶以為是黃銅寶劍，不似木劍。

上述龍虎山懸棺墓中出土的一些竹、木器的代表性作品，充分反映出東周時贛境的幹越族人竹木製作技藝的嫻熟和高超水準，這一方面顯現古越民族的聰敏智慧和創造才能，同時也反映出當時已具有使用鐵器這一先進生產力的物質條件，試想，沒有鐵鋸怎麼可能將直經一點五米的巨樹鋸成兩半？沒有鐵鑿或鐵斧怎麼可能將巨樹剜空成棺？沒有鐵刀或鐵削又怎麼可能將竹子破削出薄如紙、細如絲的竹篾等等。這些都足以說明當時的鐵質工具已被較廣泛使用，甚至開始使用鋼質工具。這裡，有一值得注意的現象是，在龍虎山懸棺墓中未發現一件金屬質的工具或用

器，只見有仿銅的兵器和仿銅器造型的陶器或原始瓷器，哪怕是巨型棺木都用竹釘不用銅或鐵釘，其原因當然不是因銅鐵資源緊缺，相反，恰恰這一地區是銅鐵資源的最豐富地帶，距當時尚在大規模開採的瑞昌銅嶺礦山並不很遠，當今亞洲第一大銅礦就在鷹潭附近的德興縣境，所以，目前唯一能解釋得通的原因，很可能是與這支懸棺葬主人的葬俗有關，也就是說，這支古幹越族人，有一種神聖不可違犯的葬俗，就是忌諱用金屬製品放入墓中，但在他們看來，另一世界裡不能沒有禮器和兵器，故只好用竹木或陶質製品代替，如木劍、木削，以及仿銅泥質陶盉、陶鼎、陶鹽盤等。

四　陶器和原始青瓷燒造業

　　東周時期，贛境地區的陶器和原始瓷的燒造，在商、西周時代的基礎上又有發展和提高。至今在全省各地都發現有不少這一時期的遺址和墓葬，如屬於春秋時代的有九江縣磨盤墩遺址上層和樟樹、宜春、高安等地的春秋墓葬等，屬於春秋晚至戰國早期的有九江縣大王嶺遺址和龍虎山懸棺葬等，屬於戰國中、晚期的遺址和墓葬則更多，代表性的有臨川縣羅家寨、永修白槎甜水井、龔家坡、新幹界埠糧庫、玉山狗槽崗諸遺址和樟樹、高安、武寧、新建昌邑等地墓葬等。在這些春秋戰國時期遺址中，都出土了數量不等的陶器和原始瓷器，除新建昌邑那樣的楚式墓，出土有明顯具有楚式作風的如鼎、敦、壺之外，其他大部份的陶器和原始瓷的質地、造型、裝飾作風都表現出完全一致，其中尤以贛東北龍虎山懸棺墓中出土的數量最多、品類最全，而且品質最

高，它可以說是贛境地區春秋晚期至戰國早期陶瓷燒造技藝的最集中體現。

二十世紀七十年代龍虎山地區清理的十八座懸棺墓中，共出土陶瓷器一三七件，占出土遺物的百分之五十七。陶瓷器中，幾何印紋硬陶六十六件，占陶瓷總數的百分之四十八點一，釉陶和原始青瓷（或稱早期青瓷）四十九件，占陶瓷總數的百分之三十五點八，泥質黑衣陶二十二件，占陶瓷總數的百分之十六。

1. 泥質黑衣陶

龍虎山懸棺墓中的泥質陶有兩個特點，一是磨光黑衣較為普遍；二是仿銅器造型。這批泥質陶，表面均呈黑色，打磨光亮，造型優美，其仿銅禮器造型，形態逼真，精工巧致。器形有鼎、盥盤、提梁盉等。鼎類中又有獸首鼎、拱蓋鼎、盂形鼎等。類似這樣成組的仿銅禮器，在浙江紹興、湖南衡陽和安徽舒城等春秋戰國時期的越人墓中也有出土。

獸首鼎，獸形嘴，無鼻，嘴角雙眼，眼珠外凸，頂部橫立火焰形冠，尾作扉棱狀，長方形豎耳微外折，淺腹稍鼓，平底，獸蹄形三足。通體淺刻雲雷紋，中腹部堆貼絢索紋一周。通高十四點五釐米（圖14）。

盥盤，盛水器。口徑二十四釐米、通高十釐米。大口，鼓腹，兩側各有一獸面

圖14　獸首黑衣陶鼎

耳，腹部滿刻雲雷紋，腹中間貼塑絢紋一周，形成裝飾的層次感。此種器形過去多稱為鑒，但銅鑒體較大，形似大盆，多用盛水盛冰，巨大的還可作沐浴之用。《莊子·則陽》載：「靈公有妻三人，同鑒而浴。」此盥盤形同鑒，但體較小，之所以稱盥盤，是因一九七九年江西靖安出土的一件徐國春秋銅鑒內的銘文中自銘為「盥盤」[37]，該銅鑒體也較小，可知東周時，那種大型盛水器稱鑒，體小者應稱盥盤。

提梁盉，溫酒器，蓋帶提梁，整體完整精緻。蓋帶子母口，蓋中心有鈕，蓋面飾兩周絢紋，絢紋區間刻有纖細的橫 S 形紋。腹部也塑三周絢紋，中間刻變體 S 形紋。獸蹄形三足。弓形提梁有鋸齒狀背脊，背面刻漩渦紋，特別是提梁兩端，一頭塑出眼珠外凸的獸嘴，另一頭則塑出一卷尾，前後呼應，像如此製作精緻、形態逼真的仿銅泥質陶器實可謂是國內之孤品。

黑衣陶中的另一件絕品，是口徑三釐米、高二點五釐米、胎厚僅〇點二釐米的小罐，底部有三個小乳丁，由外底細密的同心圓可窺見當年陶輪車轉動的速度。整器極小壁薄，工藝卻極精，黑衣光澤度好，它的精美度完全可與山東龍山文化的蛋殼黑陶媲美，也類似景德鎮的薄胎瓷。

燒制黑衣陶，尤其薄胎黑陶，泥料必須精心選取，且要對原料反覆淘洗，拉坯成型又需要極為熟練的快輪技術，焙燒時對火候要求很嚴，中途還要停火悶燒，使其在窯爐內產生黑色還原氣

37　參見《江西靖安出土春秋徐國銅器》，《文物》一九八〇年第八期。

氛，而形成這種氣氛的時間又要恰到好處，不長也不能短，這是土與火藝術的結晶。

2. 幾何形印紋硬陶器

這時的印紋硬陶器，質地堅致，扣之有聲，其胎質原料也非一般黏土，而是選用一種高鉛低鐵的岩性胎泥為原料，故胎質以紫黑色為多，灰色、泛紅色的較少，其原因可能是由於黏土中含鐵量的比例不同，經燒造後氧化鐵產生不同程度變化的結果。經多方測試，燒成溫度一般都在攝氏一千一百度到一千二百度，明顯高於一般陶器。製陶技術均為輪製，因而器形都很規整，器形裝飾除口頸部外大多通體拍印幾何形紋飾。

器形多以平底器為主，類別有鼎、罐、壇、碗、缽、甑、杯等，鼎、壇、罐多成組出現，幾乎每墓必有，又以大件的罐、壇最多，最富特色。這一方面反映出當時經濟生產水準；另一方面也反映陶器製作向大件型發展。壇的主要特徵多卷沿，短頸，長身或鼓腹，下腹收削成平底，器高多三十至四十五釐米，因多是大件不需輕易移動，故往往沒有附耳和鋬手，只是在器表裝飾上，除飾幾何印紋外，還在器表加附一蛇形貼耳等（圖15）。罐類器，也以大件為多，小件較少，多斂口或直口，卷沿，弧肩，鼓腹，平底，因小件器物 要經常移動，故往往多帶雙附耳。這時的印紋硬陶器上的耳飾以套環耳、聯環耳居多，橫「S」假耳也較盛行，還有貫耳、雙貫耳、羊首貼耳、蛇形貼耳等。

圖15 蛇形貼耳硬陶壇

有的器肩或上腹部刻
有多種符號。

　根據東周時期全
省各地出土的幾何形
印紋陶器來看，在春
秋早期尚處於特別興
盛階段。[38]春秋中、
晚期，印紋陶器雖仍
以繩紋和間斷繩紋為
主，其他的幾何形拍
印紋飾品種依然不
少，以九江磨盤墩遺
址上層為例，尚有葉
脈紋、曲折紋、圓圈

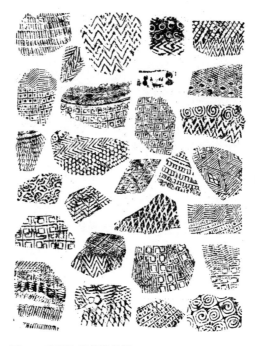

圖 16　春秋陶器部分紋樣

紋、雲雷紋、S形紋、網結紋、田字紋、菱形凸菱紋、漩渦紋以
及曲折紋與方格、回字紋與水波紋、菱形凸菱與方格、方格凸塊
紋與曲折紋、漩渦與曲折紋、乳丁曲折紋與方格紋等組合紋飾
（圖 16），即仍表現出豐富多彩，但是贛境地區如同南方其他地
區一樣，經過商、西周到春秋早期的鼎盛階段後，到春秋中、晚
期畢竟已開始走下坡路了。到戰國中、晚期則開始日趨走向衰

38　彭適凡：《中國南方古代印紋陶》，文物出版社一九八七年版，第 68-
　　235 頁。

退。龍虎山懸棺葬的時代為春秋晚期至戰國早期，故此，懸棺墓中出土的幾何形印紋陶器，是正處於從興盛走向衰退之際的過渡時期的一批代表性器物，很有典型意義。

龍虎山懸棺墓中的印紋陶器的器表，除拍印有繩紋、籃紋外，屬幾何形的紋樣尚有方格紋、米字紋、蕉葉紋、米篩紋、重回字對角交叉紋、梳齒紋、圓圈紋、S形紋、點紋、回字紋和菱形填線紋等，其中以方格紋、米字紋和蕉葉紋為多。兩種以上組合紋樣仍較盛行，諸如菱形填線紋與方格紋、米字紋與蕉葉紋、方格紋與蕉葉紋、米篩紋與方格紋等（圖17）。S形紋和雲雷紋主要拍印在仿銅器的泥質黑衣陶器或刻在木質器皿上，硬陶上一般不見。

從九江大王嶺、臨川縣羅家寨、營門裏和新幹界埠糧庫等戰國中、晚期遺址出土的陶片觀察，大部份都是幾何形印紋硬陶，器形也較為單純，以壇、罐為主，有的器物上還帶有銜環鋪首及龍形系等裝飾。其幾何形紋樣種

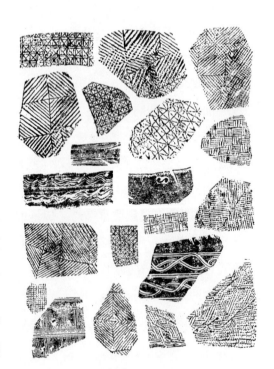

圖17　龍虎山懸棺墓中陶器紋樣

類也遠比以往大大減少，較多見的只有米字紋、蕉葉紋、麻布紋、席紋、方格紋、S形紋和刻劃的水波紋等，原來在西周甚或春秋時期遺址少見的米字紋和蕉葉紋，到戰國時期已成為主要的紋飾。

3. 原始青瓷器

　　春秋戰國時期贛境地區原始青瓷的出土地幾乎遍布贛北、贛中和贛南等地，僅龍虎山懸棺墓就出土四十九件之多。這些原始青瓷器，其胎料和幾何形印紋硬陶不一樣，非黏土而是瓷土，瓷土也稱瓷石，是一種岩狀礦石，其主要成份有石英、絹雲母、高嶺土和長石等，其氧化鐵的含量一般在百分之三以下。由於中國地域遼闊，各地瓷土的品質不同，但其中最主要的成份應是高嶺土。高嶺土一名的由來，是由於這種原料出於景德鎮的高嶺，並用於製瓷而得名。它是長石完全風化後二次堆織而形成的礦物，主要成份是矽、鋁和水，因此高嶺土被用來泛指瓷土，成為國際上通用的名稱。

　　經檢測，這時原始青瓷燒成溫度都在攝氏一千二百度左右，而且都帶有一層氧化鈣含量較高和含有一定量的二氧化鐵的青釉，釉色以米黃釉居多，青灰釉次之，釉層較薄但較均勻，釉色瑩潤，光潔度尚好，一般器身下部積釉稍厚。其胎、釉的顯微結構和物理性能都接近於瓷器。

　　這時期原始青瓷器的器類，和幾何形印紋硬陶器多壇、罐一類的大件貯藏器不同，都是較小件的諸如碗、杯、碟等，罐次之，只有少數的罐個體稍大，說明這時的冶陶匠師們很善於利用不同的原料燒造出兩種不同功能的飲食器。器表多素面，但也有

的杯、碟等在施釉前飾麻布紋，有的罐在施釉前刻劃梳齒紋（圖18），還有的在其肩部貼塑橫 S 形耳或安裝套環耳。印紋硬陶質地堅硬，但胎質和表層均較粗，故只將其燒成容量較大的壇、罐一類盛貯器，而原始青瓷胎質細膩，外施青釉，利於口唇接觸和洗滌，所以多用來燒製一些杯、碗、碟等飲食器。這些原始青瓷都是在輪盤上拉坯成型，因而不僅器形都十分規整，胎壁較薄較均勻，而且往往在內壁留下明顯的輪旋紋痕。

從春秋戰國時期贛境地區出土的原始青瓷來看，較之吳城和角山等地出土的商周原始瓷，胎土更細膩，質地更堅硬，器形更規整，胎壁更勻薄，施釉更均勻，釉的附著力更強，等等，說明這一時期窯工們在原料的選

圖 18　飾梳齒紋原始瓷罐

擇、拉坯成型和燒窯等方面的工藝技術都有重大發展和進步。一般認為，瓷器應具備以下三個基本條件，才能認定是真正瓷器。第一，瓷器必須以瓷石、高嶺土為製坯原料，胎料中氧化鐵的含量一般在百分之三以下；第二，必須經過攝氏一千二百度以上的高溫焙燒，胎質要充分燒結，並產生玻璃相或結晶相，質地堅致，叩之發出清脆金屬聲，沒有吸水性或吸水性弱；第三，坯體表面施有高溫下燒成的玻璃質釉，胎釉結合較好不易剝脫落。以上三條，第一、第二條是最主要的，原料是瓷器的根本內因條件，燒成溫度則是瓷器形成的不可少的外因條件，兩者相輔相

成，缺一不可。至於第三條卻不是絕對的，當然絕大多數瓷器的表面應該施有高溫下與瓷胎一次燒成的玻璃質釉，但不施釉經高溫燒成的素胎瓷也應屬於瓷器範疇。以上述三項基本條件對照春秋戰國時期贛境地區龍虎山等地出土的原始青瓷器，其佳品者完全可和漢晉時期的青瓷相媲美，故此我們認為實際它已基本具備了這些條件，因而可認為應屬成熟型瓷器。

必須指出的是，贛鄱地區春秋戰國時期出土的這樣較成熟的原始青瓷，在整個長江下游的蘇南、浙江地區分布甚廣，它是吳越文化極其重要的物質文化內含，其出土數量乃至品質都超過江西地區。二〇〇四年無錫鴻山戰國早期貴族墓地群的發現[39]，是江浙地區在戰國時期越國考古史的重大突破，也是當年全國十大重要考古發現之一，該批墓群中，出土的玉器和仿銅的原始青瓷禮器、樂器極為豐富，僅丘承墩一座特大型墓（墓主身份應為僅次於越王的越國大夫級）出土的遺物達一一〇〇餘件，包括仿銅器的青瓷樂器一四〇餘件，青瓷禮器二〇〇餘件，其中日常生活用瓷如杯、盤、碗、碟、盅和罐等在龍虎山懸棺墓中也有出土，只是在龍虎山不曾出土青瓷樂器和禮器，這就是所謂「名位不同，禮也異數」。從鴻山越國貴族墓地原始青瓷如此空前規模出土，不僅出土數量多，而且品質高，釉色美，更有力證明中國成熟瓷器的產生至遲應從漢晉時期提前至春秋戰國之際。

39　參見錫山區文管會辦公室：《鴻山鎮越國貴族墓地的考古發掘簡報》，《无錫文博》二〇〇五年第 1 期。

第三節 ▶ 懸棺葬俗

一 葬式名稱

「懸棺」的說法最早見於南朝梁陳時人顧野王記載武夷山「地仙之宅，半崖有懸棺數千」[40]。一九四八年芮逸夫在《僚為仡佬試證》一文中首次把「懸棺葬」作為專用名詞提出，此後便為很多學者所採用。對於懸棺葬的命名，目前學術界意見很不統一，就以對龍虎山懸棺葬的命名來說，至今還有「崖墓」[41]、「崖洞墓」[42]、「崖棺墓」[43]諸說，這種種不同的說法，是各自根據置棺的位置及方法而提出的，但有一個共同點就是其葬俗都與山崖有關，從這點說諸種命名無疑都是有一定道理的。問題是古往今來與山崖有關的葬俗，不僅古越民族，還有南方其他少數民族甚至漢族都存在過，如果僅僅用「崖墓」來泛稱或用「崖」字加上置棺的方式來命名都不足以反映古代百越民族這種特有的懸棺葬俗，勢必造成懸棺葬制研究中的一定混亂。為此，早年我們曾提出：「既然大家都較一致認為在閩、浙、川、黔、桂等地廣泛分布的這種葬式和葬俗，都屬於越族系統（越、濮、僚等）的

---

40 《太平御覽》卷四十七《武夷山》條引肖子開《建安記》。
41 李科友：《貴溪崖墓》，文物出版社，一九九〇年版。
42 參見福建省博物館等《福建崇安武夷山白岩崖洞墓清理簡報》，載《文物》一九八〇年第六期。
43 參見林蔚文：《贛川地區崖棺葬幾個問題的比較研究》，《考古與文物》一九八三年第二期。

話，那就有必要給予這種葬式一個統一的名稱。」「這個名稱，既要能基本反映出各類同類墓葬的特點，又要注意到不至和古代其他民族的葬制名稱相混同。而目前的諸種名稱中，我們認為，以『懸棺葬』說更符合這個條件。」[44]反覆學習和研究其他諸家說法，我們深感仍有統一名稱的必要，而且仍然主張將古越民族那種特有的葬俗，即將殮屍棺木高置於臨江面海的懸崖峭壁上的葬俗命名為「懸棺葬」為好。

二　分布

　　江西境內的懸棺葬，目前僅在貴溪、余江兩地作過調查，僅貴溪魚塘仙岩地區發現就有百餘座，其中先後清理了十八座（圖19）。根據我們翻檢一些地方誌書的記載，除貴溪仙岩多有所引不錄之外，現綜合輯錄於此。

1. 余江縣

　　同治《安仁縣誌》卷四山川篇載，喝石峰，在縣南七十里，與仙水岩相近，平地屹立，高逼層霄，山腰有岩竇，中有機車、才午臼之類；特可望而不可即云。

2. 橫峰縣

　　清同治《興安縣誌》卷三載，橫峰，即嶺山別號，在太平鄉城北二里許，諸山環匝，山巔有洞、有岩、有泉、有古 、有石

44 參見彭適凡、李放：《有關贛閩兩省懸棺葬的幾個問題》，《民族學研究》第四輯，民族出版社一九八二年。

圖 19　龍虎山仙水岩崖墓群

渠，洞中有石獅、石象、石鯉、一滴泉、仙人墓。

3.廣豐縣

明嘉靖《永豐縣誌》卷二載有明代周鴻吟天柱岩的詩雲：

蒼翠層層接大空，天開岩穴仿控峒。
雪藏陰谷三春白，日溜天高萬丈紅。
野鶴飛來成怪石，仙人升去有遺蹤。

須知地逐名賢勝，莫負青山一度逢。

唐、宋以來，今之廣豐縣一直稱為永豐縣，屬信州管轄，至
清雍正十年（1732 年），因與吉安府屬之永豐縣同名而改為廣豐
縣。此詩言懸棺葬似乎不很明顯，但只要對照讀一讀明童欲成吟
貴溪仙岩詩就清楚了。詩云：「一葉扁舟入洞天，半空樓閣鎖雲
煙。參差岩穴留仙跡，跨鶴歸來曾有年。」該詩的後兩句和前詩
的五、六兩句是何等相似乃爾，尤疑都是寫仙岩懸棺葬的。

4. 上饒縣

清同治《上饒縣誌》卷五‧山川篇載，雲洞，在縣西三十里

開化鄉，天欲而則興雲。仙山，在縣西二十五里開化鄉，山勢絕，欲雨則雲蒸。明崇禎間，守道貢修令建龍王殿於上，下有龍井、醮壇，相傳山巔有空棺，村民迎以禱幣輒應，禱畢屏至山中，翌日視之則上升，稱之曰仙棺。

5. 鉛山縣

清同治《鉛山縣誌》卷二載，仙人墓，縣六十里皮翼岩有仙墓，擴石天成，每遇寒食為人祭掃。卷二七又載有仙人橋清張瑞搓《舟中望仙人橋》詩云：

> 大正酉下鳴蘭撓，正頭萬山如可招。
> 一山未平一山起，上有千初立虹橋。
> 舟中過客初來此，舉首忽驚橋欲妃。
> 仙人掉臂去已久，縱有秦皇鞭不起。
> 移時斷崖落餘暉，一葉扁舟行似飛。
> 欲題橋柱不及上，水聲激激風微微。

按：鉛山位於崇安（今武夷山市）之西北，中隔武夷山與之緊相連，有詩描寫鉛山地理形勢說：「溪流七郡通閩海，江接三湖近楚軍。」張瑞搓係鉛山人，他所見到的虹橋板和崇安縣境的虹橋板是完全一致的，是指用來架墊棺木的木板。

6. 南豐縣

民國《南豐縣誌》卷一・山川載，仙人岩，俱在紫霄觀前（縣西南八十里），又名壺公岩，七十餘丈。世傳懸壺先生煉丹於此。凡三岩，中岩、下岩乾屍，上岩兌屍。下岩在山半，中有

屋、有寶、有仙床，堅墨若沉香，又有石函、七星劍、木匙、五色鎖子骨、小木船、杝杆，其灶猶存。

民國《南豐縣誌》卷三又載，紫霄觀，宋南城人張自明《紫霄觀記》曰：「南豐縣西南八十里有紫霄觀。相傳仙者壺公於此得道。壺公者，後漢費長房師事之者也。宋嘉定五年冬十月戊寅盰江張自明、始興季第自來遊紫霄。所謂三岩者，蓋下岩、中岩皆乾屍，而上岩兌屍也。下岩在山半，屋三分之一在岩中，屋頭石壁峻立。有寶橫袤尋丈許，中有仙床、丹匣及蛻骨，或者壺公之遺耶？未可知也……逆遊二三里許，兩岸皆峭壁，岩寨崻列，上頭露青天一線，下皆微潭百尺，岩上仙棺棋局，歷歷可辨，四壁峻絕，梯瞪埂梁，無所於施，人跡不可登到，大江以南一勝處也。」元臨川人吳澄《紫霄觀記》曰：「正殿之後，石寶中有蛻骨，色如黃金，長八尺許，又上岩中有仙床，又有一岩，形如甕蠱，名曰經洞。」

南豐縣位千武夷山脈之中段，東與閩省之泰寧縣相接。仙入岩中發現有小木船，應是贛省有船棺的例證之一。

7. 安遠縣

臺灣淩純聲教授在《中研院歷史語言研究所集刊》第二十三冊中載，歸美山，在縣西南三百里，高一千四百丈（尺），南康記云：「四壁險峻，有石城高數十丈，周迴三百步，又有石峽，左右高五六十丈，如若雙闕，其勢入雲，後有古石室，色如黃金，號曰金室……自絕山頂，有杉枋數百片，高危懸絕，非人力所及焉。」

除上列七個縣（市）外，尚有贛東北的飛陽、餘幹，贛東的

圖20　二號墓棺木存置狀況

南城、黎川、樂安，贛南的於都、贛縣以及贛西的宜春等地都有懸棺葬的一些記載，這裡恕不一一輯錄。僅從前述一些記載就足以說明，如同在武夷山脈北段、中段的東南側或東側廣泛分布懸棺葬一樣，在武夷山脈北段、中段西北側或西側，也即贛東北和贛東以及贛東、贛南等十餘個縣（市）境內，古代都曾流行過這種懸棺葬的葬俗。懸棺葬圍繞著武夷山脈而分布的情況，無疑為我們探討這種葬制的族屬諸問題，提供了極有意義的資料。

三　葬俗特點

從對已發掘的龍虎山地區懸棺葬資料看[45]，贛鄱地區懸棺葬的葬制、葬具、葬俗及其生活習俗等，大體有如下一些特點：

45　參見江西歷史博物館等：《江西貴溪崖墓發掘簡報》，《文物》一九八〇年第十一期。

　　首先，盛行崖洞合葬和群葬。龍虎山懸棺葬較集中分布在水岩、仙岩、仙女岩、仙棺岩、穀子岩等處。每處都有十幾座或數十座不等的崖洞墓。這些崖洞墓中，有單洞單葬、單洞群葬和聯洞群葬等種。一九七九年清理的十四座墓中，有四座單洞單葬，八座為群葬（另兩座不明）。這些合葬或群葬，似應表明這是一個大家族合葬的墓地（圖20）。如八號墓的有關骨骼鑒定，死者中有中年男性、成年女性和不知性別的孩童，棺木有大、中、小型之別。十二號墓洞寬五十餘米，墓室規模巨大，內置放十副棺木，無疑是大家族幾代人的聚葬之所。

　　其次，崖洞葬內的結構和布局頗為講究，普遍地採用封閉式的槽嵌墓門，墓門均由若干塊木板及方形立柱，通過地梁的橫槽相拼而成（圖21）。其門閂有兩種形式，最常見的是夾板式，也的少數是橫串式。除墓門之外，在一些較為寬敞的洞穴內，採用封門板的方法，將洞內分隔成若干間，以區別出主室和陪室。

圖21 10號墓封門殘存情況（左）及復原後全貌（右）

第三，棺具形制多樣。從已發現的棺木看，其形制有扁圓形、圓筒形、長方形、盝頂蓋形、房屋形以及圓筒形而銳首者，其中以扁圓和盝頂蓋式居多。據一九七九年清理的三十九具棺木看，扁圓形十五具，占百分之四十點五，盝頂蓋形計十四具，占百分之三十七點八。目前龍虎山雖未發現有船形棺，但據有關文獻記載，到明朝時，仙岩一帶尚有船棺的存在。不論何種形制之棺，都係用巨木刳製挖空而成，棺蓋與棺合口處，多不施釘，只有少數施竹釘或束腰子母榫，未發現有使用鐵釘者，絕大多數棺具都不加髹漆，即所謂「白色材」，僅個別塗有黑漆，只是有的木棺上發現刻有四方連續窗格紋和簡體雲雷紋。棺底均以圓木或方木襯托，有的運用特製的刳成渦形的方形木料墊棺。當然，更多的還有用粗竹席墊棺、細竹席墊屍的習俗。

第四，隨葬品中以陶器最豐富，以一九七九年清理的十四座墓為例，共出土遺物二二〇件，其中陶器和原始瓷器就有一二二件，占整個隨葬物的百分之五十五，陶瓷器中印紋硬陶占百分之四十二，原始瓷占百分之四十一，泥陶占百分之十七；竹木器計九十三件，占整個隨葬物的百分之四十四，其他只占百分之一。

人們也許要問，古人為什麼要把死者安葬到高山懸崖絕壁上？有人認為，高險處能防止人和野獸的侵擾，可讓死者在寧靜的幽冥世界中永遠安息；有的則認為通風、向陽、乾燥的墓地環境，有利於棺木、屍體及隨葬品的長期保存。當然，除此種種之外，更重要的應與當時人們的觀念、信仰有關。懸棺大多數是安置在臨水的山崖上，這意味著亡靈對青山綠水的依戀和寄託之情。古籍上記載：「彌高者以為至孝」「高葬者必有好報」，這正

是懸棺這一葬俗得以長久盛行的精神力量。甯都縣石上鄉蓮塘附近的仙人橋崖穴，歷來被傳為「風水寶地」，過去就曾流傳著這樣的歌謠：「頭戴烏紗帽，足踩仙人橋，誰人葬得到，子孫不離朝。」

在兩千三四百年前，數百斤重的棺木又是怎樣放到百丈懸崖之上去呢？貴溪崖墓中的棺材本身為人們的種種猜想提供了一定線索，即大多數棺材的兩端四角，不是昕製出突出把手，就是鑿有圓孔，這無疑是用來作捆綁或穿繩之用，顯然，古人先通過棧道將棺材運送到一定位置，然後憑藉腳手架原始機械，將棺材吊運送進洞內。在遙遠的古代，生產力水準低下，人們竟然創造出如此驚人的奇蹟，足以顯示出我們祖先的聰明智慧和創造才能！

四　年代

龍虎山懸棺葬的年代，報告編寫者認為「當屬春秋晚期至戰國早期」。有的認為「年代的下限只能在春秋晚期」。過去，我們曾認為把龍虎山懸棺葬的年代斷在春秋戰國之際，現在看來，還是以斷在春秋、戰國之際甚或戰國早期為好。這一年代推論，和有關碳十四測定資料也是基本接近的。據國家文物局文物保護技術研究所對龍虎山崖墓出土棺木的碳十四測定，其年代為距今二五九五加減七十五年。

龍虎山懸棺葬的斷代，比之福建崇安有個很有利的條件，就是大部分都經科學清理，且出土了一批較豐富的遺物。據統計，共出土陶瓷器、竹木器、玉骨器、紡織品及紡織工具等二二〇件，這些遺物特別是陶瓷器皿是推定年代的可靠依據。

根據龍虎山懸棺葬出土器物的初步排比。我們發現，十號墓集中出土了一批仿銅器的灰泥胎黑衣陶，也伴出幾何印紋硬陶的壇、罐和青瓷碗等，但不出細麻布紋的罐和杯，也不出直口深腹內帶螺旋紋的青瓷杯和帶梳齒紋的青瓷罐；相反，凡出有細麻布紋罐、杯及青瓷杯、罐的一九七八年三號墓、四號墓和一九七九年二號墓、六號墓、十四號墓，一般仿銅器的陶器較少，甚至沒有。為此，我們曾試圖將這十八座墓葬進行分期，但進一步排比，又發現有些器物表現出交叉。特別是不少飾米字、蕉葉、米篩和方格等幾何形印紋的陶器，幾乎每座墓中都出。一些木器、紡織器材和仿銅的木質劍、削等也表現出一致。因此，我們認為，這批懸棺葬總的文化面貌基本是一致的，因而年代也應該大體相近。

既然它們的文化面貌基本一致，我們可以把保存較為完整、出土物又豐富的一九七九年十號墓作為斷定年代的尺規；只要十號墓年代一經確定，這批懸棺葬的年代也就清楚了。

該墓出土文物計四十八件，其中仿銅器造型的灰泥胎黑皮陶就達十五件，占百分之三十一，器形有拱蓋鼎、獸首鼎、提梁盉、鹽盤、盂形鼎、三足鼎、甑等。仿銅器的陶器、瓷器，在吳、越地區時有所見，名曰仿銅器，一般情況下，是先有銅器後才有仿銅陶瓷器，當然也有同時仿的，因此我們確定仿銅器的陶、瓷器的年代似不宜以最早的銅器造型為標準，而應該具體地進行分析。

　　盂形鼎，在湖南衡南春秋中期墓中發現[46]；在廣東四會烏旦山都是在春秋晚期到戰國早期墓發現[47]，而十號墓的直耳盂形鼎其造型更接近烏旦山。

　　提梁盂，實應名之為「鐎」。在長沙瀏城橋屬春秋末期的一號墓中發現有稱陶鐎壺的[48]，在廣東羅定一號墓[49]和河南固始侯古堆一號墓[50]出土的銅提梁盂，時代都定在春秋晚期到戰國早期；陝西鳳翔高王寺銅器窖藏出土的則屬戰國早期[51]；山西長治分水嶺三十六號墓出土的又屬戰國中期[52]，說明此種銅器造型延續時間較長，從諸器排比分析，無論是造型還是紋飾，其演變規律似是從扁橢圓腹到圓腹，從簡單質樸到複雜繁縟。將龍虎山出

46　參見湖南省博物館等《湖南衡南、湘潭發現春秋墓葬》，《考古》一九七八年第五期。

47　參見廣東博物館《廣東四會烏旦山戰國墓》，《考古》一九七五年第二期。原報告原定在戰國，後何紀生改訂在春秋晚至戰國早，見《略論廣東東周時期的青銅文化及其與印紋陶的關係》，載《江南地區印紋陶問題學術討論會論文集》，《文物集刊》第三輯，文物出版社一九八一年版。

48　參見湖南省博物館《長沙瀏城橋一號墓》，《考古學報》一九七二年第一期。

49　參見何紀生《略論廣東東周時期的青銅文化及其與幾何印紋陶的關係》，《文物集刊》第三輯，文物出版社一九八一年。

50　參見固始侯古繼一號墓發掘組《河南固始侯古堆一號墓發掘簡報》，《文物》一九八一年第一期。

51　參見韓偉等《陝西鳳翔高王寺戰國銅器窖藏》，《文物》一九八一年第一期。

52　參見山西省文物管理委員會《山西長治分水嶺戰國墓第二次發掘》，《考古》一九六四年第四期。

土的與諸器比較，和瀏城橋及長治分水嶺出土的都不盡相同，倒和固始侯古堆一號墓出土的幾乎一模一樣，只紋飾稍有不同。

盥盤，其體部及雙獸面耳與靖安出土的徐王義楚青銅盥盤一樣，但有一重要區別，後者平底無足，前者卻有三短足，惜已殘損，其完整造型很似紹興鳳凰山木槨墓出土的陶三足洗，此種仿銅三足洗的年代顯然要比徐王義楚盥盤略晚。

頗有意義的是，像這樣一座出土一整套仿銅器的墓葬，在越國的中心地區也曾發現，以紹興鳳凰山二號墓為例[53]，除出土有漆豆四件、麻布紋罐、木梳、木案、竹編各一件外，主要是一套計二十三件的仿銅泥質黑衣陶器，其中就有拱蓋鼎、獸面鼎、淺盤鼎、三足洗、弦紋罐（三乳足罐）、盆、甌等共計十三件，和龍虎山十號墓出土的仿銅陶器類同。只是多出了仿銅的豆、壺、敦等一些楚文化因素。

還有，該墓出土的肩附雙貫耳麻布紋罐與龍虎山十四號墓出土的麻布紋罐雷同，木案、木梳的形制與龍虎山的同樣無異。鳳凰山雖是木槨葬制，但木棺係用整木刳成，帶樺，不施釘及棺底墊竹席等葬俗也與龍虎山懸棺葬一樣，這些都可表明龍虎山懸棺葬的年代和鳳凰山木槨墓的年代大體是接近的。

至於鳳凰山木槨墓的年代，報告編寫者斷在戰國；黃宣佩根據上海地區幾何形印紋陶遺存的分析排比，把它定在戰國中、晚

53　參見紹興縣文物管理委員會《紹興鳳凰山木槨墓》，《考古》一九七六年第六期。

期[54]。根據前述一些仿銅器與其他出土文物的比較，我們認為，把鳳凰山木槨墓的年代定在春秋、戰國之際較為適宜。

龍虎山十號墓出土兩件仿銅木削，一為環首弧背，一為直背。一般是直背削的年代較晚，在廣東地區，環首直背削基本不見於春秋晚期到戰國早期。此外，龍虎山懸棺葬中，還出土兩件仿銅木劍，一件為圓首，無格；一件無首，無格，圓莖上帶一凸箍。其鋒端都是雙刃內弧，明顯具有吳越青銅劍作風，顯示較早期的特點，其中一件和鳳凰山出土的完全一樣。所以，從仿銅的木質劍、木削等兵器來看，把龍虎山懸棺葬的時代提得過早或拉得太晚都似乎不妥。

第四節 ▶ 其他習俗

一 斷髮紋身

斷髮文身是古越族的重要的文化特徵之一。《墨子・公孟》載：「越王勾踐，剪髮文身。」《淮南子・齊俗訓》：「中國冠笄，越人短髮文身，無用之。」《戰國策・趙策》記：「被髮文身，錯臂左衽，甌越之民也。」所謂斷髮，就是將髮剪斷，不像中原華夏民族的裝束習俗，即束髮帶冠笄；所謂文身，或稱紋身，古

54　參見黃宣佩、孫維昌《上海地區幾何印紋陶的分期》，《文物集刊》第三輯，文物出版社，一九八一年。

代文獻亦稱「刺染」，即用針刺或用一種鋒利的器具在人身的不同部位刻劃出各種圖案花紋，並填以鍋煙、丹青等顏色粉末，時間一長，身上的花紋就永不褪色。接受紋身的人要忍受極大痛苦，然而這一習俗在古代越人和其後裔中一直廣為流行，直到今天，其古越族的後裔民族如海南黎族、雲南傣族和臺灣高山族等還繼承其傳統。為什麼南方古越人會流行這種斷髮紋身習俗，而與華夏不同呢？想來最主要的原因是由於各自生活的自然生態環境和經濟形態不同所致。在中國古代，尤其是南方地區，氣候異常炎熱，普遍比現在氣溫要高出攝氏三度到五度，加以南方多是水鄉澤國，又近海濱，常在水中捕撈作業，頭髮長了極為不便，不利於活動，更重要的是很易被江河中的鯊魚、鱷魚所抓住或障礙物所牽掛，人們出於對水中那些兇猛動物的恐懼，便在身上文上圖案花紋，把自己打扮成蛟龍的形狀，以避水中兇猛動物的傷害。而北方則不同。正如古文獻中所分析的，如《韓詩外傳集解》：廉稽曰：「夫越亦用空之列封也，不得處於大國，而處於江海之陂，與魷鱣、魚鱉為伍，文身剪髮而後處焉。」《酉陽雜俎》：「越人習水，必鏤身以避蛟龍之意。」《淮南子‧原道訓》：「九嶷之南，陸事寡，而水事眾，於是人民被髮紋身，以像鱗蟲。」《漢書‧地理志》：「越國其君禹後，帝少康庶子雲。封於會稽，文身斷髮，以避蛟龍之害。」應劭注釋得更明白：「常在水中，故斷其髮，文其身，以象龍子，故不見傷害也。」頗有意義的是，這種「斷髮」的習俗恰在龍虎山懸棺葬中找到了例證。一九七九年二號墓第四號棺內，是一男姓死者，骨架保存完整，骨架長一點六八米，仰身直肢，其頭骨右側的一塊長約八釐米的

方形絹布上放置了一束長約五釐米的頭髮，兩端齊整，棺內其他陪葬器物都未有被擾動的跡象，似可說明這束頭髮是墓主死後，為其整容將頭髮剪斷，然後有意識放入棺內隨葬，也即反映出死者生前應有斷髮的習俗，死後，還要把這種習俗帶到另一世界去。

二　干欄式建築

　　這是流行在南方地區的一種住宅形式。張華《博物志》載：「南越巢居，北朔穴居」。所謂「巢居」就是居住干欄，即以竹、木在山區樹林間搭出高架，「結柵以居，上設茅屋，下豢牛豕」（《嶺外代答》卷四）。《魏書・蠻僚傳》也載：「依樹積木，以居其上，名曰干欄。」這種干欄式建築的主要特點是屋脊特別長，且長於屋簷，正脊的兩頭翹起，屋頂作兩面坡式，「長脊短簷」式屋頂。龍虎山懸棺葬中發現的兩副屋脊形棺很可說明問題，特別其中的一副大棺，是已發現的群棺中最大者：全長三九四釐米，通高一二二釐米，它的底部有三對即所謂的橋形矮足支撐使之懸空，棺蓋作兩面坡式，棺蓋跳簷出外，棺脊長於跳簷，棺蓋兩端翹起，和「長脊短簷」式的屋頂很是相近，故此，這種「長脊短簷」形屋脊形棺的發現，反映墓主生前住宅形制應是一種「干欄」式建築。

三　信奉蛇圖騰

　　許慎《說文》載：「閩，東南越，蛇種也。」《山海經・海內經》：「南方……有神焉，人首蛇身。」所謂蛇種或人首蛇身，

就是指南方的古越民族早在原始氏族制社會發展階段，是以蛇為圖騰崇拜的民族。此後，這種圖騰崇拜的觀念意識較長期地延續到階級社會以後，並反映到社會生活的各個方面。直到春秋戰國時期，在吳、越以及其他地區的古越民族中仍然盛行，這為很多考古和民族學資料所證實。在龍虎山懸棺葬出土一件最大的印紋硬陶壇，通高五十六釐米，肩寬四十四釐米，通體拍印清晰的米篩紋，粗似南方地區流行的一種圓形竹篩紋，實似一種蛇皮斑紋，另又在其肩部貼塑一扁曲蛇狀凸起泥條，一頭大，一頭小，大端塑出圓孔，似蛇眼，看似貼耳，但不起器耳之功能，無疑應是墓主人信仰蛇圖騰的物證。

四　音樂藝術

龍虎山懸棺葬還出土了樂器扁鼓和箏，特別是兩件木箏，更突出反映了古越民族豐富多彩的文化生活和禮樂發展水準。

扁鼓，體形很小，扁圓形，外鼓內凹，為一種打擊樂器。出土時只剩半邊。梓木質，用整木剜製而成。徑二十九釐米、高六點七釐米，上下兩端各有兩排竹釘，以繃緊鼓皮。鼓皮已殘失，上一排殘存竹釘二十九枚，下一排殘存二十四枚，腹部髹黑漆，施竹釘處髹紅漆。這種小鼓，與河南信陽戰國楚墓以及湖南德山出土的木鼓形制和大小都基本相同。龍虎山懸棺墓中出的小木鼓，製作精巧，看來已經定型，與今天南方一些農村中演奏的花鼓沒有兩樣，可見，古越民族的音樂文化歷史源遠流長。

兩件木箏，原多認為是琴，經有關音樂專家考證認為是十三

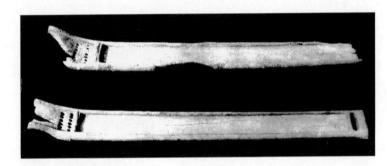

圖22　十三弦木箏

弦箏[55]。我們查找有關音樂史資料並與出土琴、瑟等樂器進行比較，也認為此非琴非瑟，而古箏無疑[56]。

　　兩件古箏，出土時均置放在棺蓋上。兩件箏形制基本相同，也系一種撥絃樂器（圖22）。三號墓出土的箏，箏尾已殘斷，殘長一七四釐米，箏身中部有一種弧形缺口，口沿平滑，似為人工所為，缺口長三十四釐米、深六釐米。二號墓出土的古箏保存較好，現長一六六釐米，寬十七點五釐米，尾寬十五點五釐米。現存部分只有箏首至箏尾的底板、橫樑和兩側板，面板已朽。箏首作魚尾分叉狀，向上翹起。在箏首起彎處起一道橫樑，在橫樑外側有孔眼兩行計十三孔，前行七孔，後行六孔，行距三釐米，孔

55　參見丁承運：《箏史鉤沉》（油印本），河南鄭州大學音樂系，一九八六年十月；黃成元：《西元前五百年的古箏——貴溪崖墓出土樂器考》，中國音樂學院院報《中國音樂》一九八七年第三期。

56　參見彭適凡《贛鄱地區音樂文物概述》，《南方文物》二〇〇二年第二期。

距二釐米，孔距相錯；箏尾也有凸起的弧形橫樑，在尾部橫樑外側，有弦孔眼一排十三個，在兩邊側板上沿口內側一嵌口，嵌口底面與首尾兩個橫樑的肩平，加蓋板（即面板）後，就形成一長方形音箱，內長一三四釐米，寬十一釐米到十二釐米。昔日每弦有一柱支撐，又稱「碼子」，柱可以左右移動以調節音響，但該箏上的「柱」都已朽而不存。但有意思的是在另一墓中出土有一件箏的「碼子」[57]，也即「柱子」，柱呈刀形，高三點三釐米、長七點五釐米，有四個不規正的箏眼，木質。唐朝詩人朱灣有《箏柱子》詩曰：「散木今何幸，良工不棄捐。力征慚一柱，材薄仰群弦。且喜聽相應，寧辭跡屢遷。知音如見賞，雅調為君唱。」道出了柱子的作用。這種支撐箏弦的柱子，有木質的，稱為玫瑰柱，也有象牙質或牛角質的，稱為玉拄。

琴、瑟自西周以來就很流行，是中國最古老的兩種撥絃樂器，《詩經・關雎》中稱「窈窕淑女，琴瑟發之」。《詩經・小雅》雲：「琴瑟擊鼓，以禦田祖」。到春秋戰國時期，琴瑟兩種樂器在中原地區更為盛行，在東周禮樂中占有極為重要地位，而「箏」這種撥絃樂器在中原地區是在戰國晚期才開始出現，而且主要流行於西方的秦國，故一般名之為「秦箏」。李斯在《逐客書》中言：「夫擊甕叩缶彈箏搏髀，而歌呼嗚嗚快耳（目）者，真秦之聲也。『鄭衛』、『桑間』、《昭》、《虞》、《武》、《象》者，

---

57 參見李科友：《貴溪崖墓出土的古代樂器》，《江西歷史文物》一九八七年第一期。

異國之樂也。今棄擊甕叩缶而就『鄭衛』，退彈箏而取《昭》虞，若是者何乎？快意當前，適觀而已矣。……」（《史記・李斯列傳》）這是中原地區有關「箏」的最早記載，以後歷代文人學士都據此認為「箏」這種古樂器當起於秦。晉謝靈運《燕歌行》中吟有「對君不樂淚沾纓，辟窗開視弄秦箏」句[58]；唐張九齡《聽箏》中有「端居正無緒，那復發秦箏」[59]句；宋晏幾道《蝶戀花》中也有「綠柱頻移弦易斷。細為秦箏，正似人情斷」句[60]。兩千年來，音樂史家們對此也從未懷疑過。今龍虎山懸棺葬出土的兩件古箏當為春秋戰國之際，當比中原地區戰國晚期才出現的秦箏要早二〇〇餘年，是至今目前國內發現最早的古箏樂器，而且又是出土於南方古越民族的懸棺葬中，因此，它的出土，無疑對探討箏的早期形態及這種古老撥絃樂器的起源諸問題都提供了極為珍貴的實施史料。

58　《漢魏六朝三百名家集・謝康樂集・燕歌行》，掃葉山房發行。
59　張九齡：《聽箏》，《全唐詩》卷四八。
60　宋・晏幾道：《小山詞・蝶戀花》。

主要 參考文獻

馬克思：《摩爾根（古代社會）一書摘要》，人民出版社，一九七八年。

恩格斯：《家庭、私有制和國家的起源》，《馬克思恩格斯選集》，第四卷，人民出版社，一九六六年。

摩爾根：《古代社會》，商務印書館，一九七七年。

郭沫若主編：《中國史稿》，人民出版社，一九六二年。

郭沫若：《兩周金文辭大系圖錄考釋》，科學出版社，一九五七年。

陳夢家：《殷墟卜辭綜述》，科學出版社，一九五六年。

範文瀾：《中國通史簡編》，修訂本，第一編，人民出版社，一九六五年。

白壽彝總主編：《中國通史》第二卷「遠古時代」（蘇秉琦、張忠培、嚴文明撰稿），上海人民出版社，一九九四年。

白壽彝總主編：《中國通史》第三卷「上古時代」上、下冊（徐喜辰、斯維至、楊釗主編），上海人民出版社，一九九四年。

楊寬：《戰國史》，上海人民出版社，一九八〇年。

方志欽等主編：《廣東通史》，廣東高等教育出版社，一九九六年。

郭琦等主編：《陝西通史》「原始社會卷」（石興邦主編）、「西周卷」（斯維至著），陝西師範大學出版社，一九九七年。

章開沅等主編：《湖北通史》「先秦卷」（張正明、劉玉堂著），華中師範大學出版社，一九九九年。

許懷林：《江西史稿》，江西高校出版社，一九九八年。

羅香林：《中夏系統中之百越》，獨立出版社，一九四三年。

文通：《越史叢考》，人民出版社，一九八三年。

陶維英：《越南古代史》，科學出版社，一九五九年中譯本。

童書業：《中國古代地理考證論文集》，中華書局，一九六二年。

李學勤主編：《長江文化史》，江西教育出版社，一九九五年。

陳文華等主編：《江西通史》，江西人民出版社，一九九九年。

林惠祥：《中國民族史》，商務印書館印行，一九三六年。

徐旭生：《中國古史的傳說時代》（增訂本），文物出版社，一九八五年。

譚其驤：《長水集》（上、下），人民出版社，一九八七年。

張光直：《中國青銅時代》，生活、讀書、新知三聯出版社，一九九九年。

夏鼐：《夏鼐文集》，社會科學文獻出版社，二〇〇〇年。

夏鼐：《中國文明的起源》，文物出版社，一九八五年。

蘇秉琦：《中國文明起源新探》，商務印書館（香港）有限公司，一九九七年。

蘇秉琦：《華人、龍的傳人、中國人》，遼寧大學出版社，一九九四年。

郭寶鈞：《商周青銅器群綜合研究》，文物出版社，一九八二年。

馬承源：《中國古代青銅器》，上海人民出版社，一九八二年。

馬承源主編：《中國青銅器》，上海辭書出版社，一九九一年版。

鄒衡：《商周考古》，文物出版社，一九七九年。

鄒衡：《夏商周考古學論文集》，《續集》，文物出版社，一九七九年與一九九八年。

俞偉超：《先秦兩漢考古學論集》，文物出版社，一九八五年。

安金槐：《安金魂考古文集》，中州古籍出版社，一九九九年。

嚴文明：《史前考古論集》，科學出版社，一九九八年。

嚴文明、安田喜憲主編：《稻作、陶器和都市的起源》，文物出版社，二〇〇〇年。

張忠培：《中國考古學：實踐·理論·方法》，中州古籍出版社，一九九四年。

李學勤主編：《中國古代文明與國家形成研究》，雲南人民

出版社，一九九八年版。

李學勤：《新出青銅器研究》，文物出版社，一九九〇年。

朱鳳瀚：《古代中國青銅器》，南開大學出版社，一九九五年。

李伯謙：《中國青銅文化結構體系研究》，科學出版社，一九九八年。

任式楠：《任式楠文集》，上海辭書出版社，二〇〇五年。

何光嶽：《百越源流史》，江西教育出版社，一九八九年。

張正明、劉玉堂：《楚史論叢・初集》，湖北人民出版社，一九八四年。

鄭傑樣：《商代地理概論》，中州古籍出版社，一九九四年。

楊升南：《商代經濟史》，貴州人民出版社，一九九二年。

宋鎮豪：《夏商社會生活史》，中國社會科學出版社，二九九四年。

宋新潮：《殷商文化區域研究》，陝西人民出版社，一九九一年。

王暉：《商周文化比較研究》，人民出版社，二〇〇〇年。

陳國強等：《百越民族史》，中國社會科學出版社，一九八八年。

蔣炳釗：《東南民族研究》，廈門大學出版社，二〇〇二年。

董楚平：《吳越文化新探》，浙江人民出版社，一九八八年。

石鐘健：《懸棺葬研究》，中央民族學院研究部論文集編輯組編，一九八〇年。

陳明芳：《中國懸棺葬》，重慶出版社，一九九二年。

林蔚文：《中國百越民族社會與文化》，中國社會出版社，二〇〇五年。

林華東：《良渚文化研究》，浙江教育出版社，一九九八年。

陳文華：《農業考古》，文物出版社，二〇〇二年。

蘇榮譽　華覺明等：《中國上古金屬技術》，山東科技出版社，一九九八年。

劉詩中：《中國先秦銅礦》，江西人民出版社，二〇〇三年。

商志香覃：《香港考古論集》，文物出版社，二〇〇〇年。

蔣贊初：《長江中下遊歷史考古論文集》，科學出版社，二〇〇〇年。

高至喜：《商周青銅器與楚文化研究》，嶽麓書社，一九九九年。

何介鈞：《湖南先秦考古學研究》，嶽麓書社，一九九六年。

傅舉有：《中國歷史暨文物考古研究》，嶽麓書社，一九九九年。

尹盛平：《西周史研征》，陝西師範大學出版社，二〇〇四年。

彭明瀚：《吳城文化究》，文物出版社，二〇〇五年。

李科友：《江西古代文明的探索》，江西科技出版社，一九九八年。

劉詩中：《龍虎山千年懸棺之謎》，香港天馬圖書有限公司，二〇〇三年。

夏商周斷代工程專家組：《夏商周斷代工程 1996-2000 年階段成果報告》，世界圖書出版公司，二〇〇〇年。

　　江西省文物考古研究所等：《吳城》，科學出版社，二○○
五年。

　　江西省文物考古研究所等：《新幹商代大墓》，文物出版社，
一九九七年。

　　江西省文物考古研究所等：《銅嶺古銅礦遺址發現與研究》，
江西科技出版社，一九九九年。

　　四川省文物考古研究所：《三星堆祭祀坑》，文物出版社，
一九九九年。

　　湖北省文物考古研究所等：《盤龍城》，文物出版社，二
○○三年。

　　徐湖平主編：《東方文明之光》，海南國際新聞出版中心，
一九九六年。

　　國際良渚學中心編：《良渚學文集》，二○○一年，杭州。

　　浙江省文物考古研究所：《反山》（上、下），文物出版社，
二○○五年。

　　孔穎達：《尚書正義》，《十三經注疏》，中華書局，一九八
○年。

　　孔穎達：《周易正義》，《十三經注疏》，中華書局，一九八
○年。

　　左丘明：《春秋左傳》，《十三經注疏》，中華書局，一九八
○年。

　　左丘明：《國語》，上海師範學院古籍整理組點校本，上海
古籍出版社，一九八二年。

　　班固：《漢書》，中華書局，一九八三年。

呂不韋：《呂氏春秋》，四部叢刊影印本。

劉安等：《淮南子》，四部叢刊影印本。

劉向編：《戰國策》，四部叢刊影印本。

趙曄：《吳越春秋》，張宗祥校補《說郛》本。

袁康：《越絕書》，張宗祥校注本，商務印書館，一九五六年。

郭璞：《山海經注》，上海古籍出版社，一九八九年。

樂史：《太平寰宇記》。

聞人軍譯注：《考工記譯注》，上海古籍出版社，一九九三年。

王謨：《江西考古錄》。

錢穆：《古三苗疆域考》，燕京學報，一九三二年（12）。

顧祖禹：《讀史方輿紀要》。

顧棟高：《春秋大事表》，中華書局，一九九三年。

清光緒年間修撰的《江西通志》《武夷山志》《龍虎山志》及《廣信府志》《貴溪縣誌》等相關《府志》《縣誌》。

江西文庫 A0701A03

江西通史：先秦卷　下冊

主　　編	鍾啟煌
作　　者	彭適凡
責任編輯	楊家瑜
發 行 人	陳滿銘
總 經 理	梁錦興
總 編 輯	陳滿銘
副總編輯	張晏瑞
編 輯 所	萬卷樓圖書股份有限公司
排　　版	菩薩蠻數位文化有限公司
印　　刷	百通科技股份有限公司
封面設計	菩薩蠻數位文化有限公司

出　　版　昌明文化有限公司

桃園市龜山區中原街 32 號

電話 (02)23216565

發　　行　萬卷樓圖書股份有限公司

臺北市羅斯福路二段 41 號 6 樓之 3

電話 (02)23216565

傳真 (02)23218698

電郵 SERVICE@WANJUAN.COM.TW

大陸經銷　廈門外圖臺灣書店有限公司

電郵 JKB188@188.COM

ISBN 978-986-496-177-1

2018 年 1 月初版

定價：新臺幣 280 元

如何購買本書：

1. 轉帳購書，請透過以下帳戶

　　合作金庫銀行 古亭分行

　　戶名：萬卷樓圖書股份有限公司

　　帳號：0877717092596

2. 網路購書，請透過萬卷樓網站

　　網址 WWW.WANJUAN.COM.TW

大量購書，請直接聯繫我們，將有專人為您
服務。客服：(02)23216565 分機 610

如有缺頁、破損或裝訂錯誤，請寄回更換

國家圖書館出版品預行編目資料

江西通史 先秦卷 / 鍾啟煌主編.-- 初版.--

桃園市：昌明文化出版；臺北市：萬卷樓

發行, 2018.01

　　冊；　公分

ISBN 978-986-496-177-1(下冊：平裝)

1.歷史 2.江西省

672.41　　　　　　　　　　　107001856

本著作物經廈門墨客知識產權代理有限公司代理，由江西人民出版社授權萬卷樓圖書
股份有限公司出版、發行中文繁體字版版權。

本書為金門大學產學合作成果。　　　　　　校對：邱淳榆／華語文學系三年級